讓生命回復原始設定

橋本先生半斷食養生術

橋本宙八──著　葉心慧──譯

導讀

好好吃飯睡覺

梁正中 正好文化發行人

十五年來，我對人生究竟活法的探索，大體圍繞兩個主題：為什麼活著？究竟的活法是什麼？一面與爆炸性發展的物質、資訊世界共舞，尋索較安全、可持續的生活方式與環境；另一面則由表及裡、漸次回歸自心自性。無論如何，食物都是一個重要的參照關鍵。

歷經兒少赤貧生活的我，味覺中仍留存著食物本來原味；相對之下，物質豐富後，迎來的卻是「食之無味」，甚至「食之有毒」。

人的六根日益外逐奔忙，說不清楚是主動還是被動，衣、食、住、行全然捲進消費主義漩渦，沉淪「擁有」的幻相誤區，越陷越深。生存最基本的食物鏈也掉入沒完沒了的惡性循環。

我只好走上「自我革命」的道路。由一日三餐素食、有機食、自然食，不斷循「為道日損」原則，延展到日常良知環保綠色生活。

二〇一八年夏末，隨山本健治先生參訪西田天香先生創辦的一燈園。早在一九〇五年，天香先生憂心日本國民受西方物質主義影響、開始放棄和自然和諧共處的生活方式，便立志樹立典範生活社區，但並未成功，他於是效法佛陀在菩提樹下「不成正覺，絕不起坐」，開始絕食問天：路在何方？數日後，如嬰兒出生初啼的天籟之聲，打開了當下一念清淨之門，留下「無一物中無盡藏，有花有月有樓臺」的心印，而後「一人發光」，成功開創了傳承至今的自然活法典範「一燈園」。

天香先生「絕食問天」的情景給了我巨大的衝擊。正好隔日我又拜訪了日本著名天然食品公司「椿き家」的社長折笠廣司。折笠社長少年時因農藥中毒差點身亡，因而立志研發日本最好的純天然豆腐。其工廠設施是聯合國環保永續發展的典範。與折笠社長從自然飲食聊到斷食奧秘時，他忽然從公事包拿出一份招生簡章，說真是太巧了，他老師橋本宙八先生創辦的「半斷食」課程，正好即將在廣島舉行。

折笠社長談到，他和半斷食的緣分來自日本美化協會，這個協會踐行鍵山秀三郎先生提倡的「掃除道」。他聽聞曾任會長的田中義人透過半斷食治癒痼疾、恢復健康，因此機緣而去認識橋本先生，也參加了半斷食課程，開始自己身心「內在的掃除道」。入會以來，他堅持日日親身掃除，把豆腐工廠掃除到一塵不染，然而，後來深自感慨：僅靠「冰清玉潔的天然豆腐」無法徹底救助眾生。

這對當時仍熱衷於推廣素食、有機、自然農法的我，猶如當頭棒喝。

不久之後，我見到橋本夫婦，彼此相見恨晚。二〇二〇年元月，特邀素來欽慕中華傳統文化的橋本先生赴中國揚州舉辦五天活動，參與者有五十多人，來自海峽兩岸。橋本夫婦為華文讀者寫書的因緣，正是在那時促成。

橋本夫婦五十年如一日實踐道法自然的生活方式，特別令人感動的是，五個孩子都是在家自然分娩，且在自然中成長，並繼續傳承此家教給下一代。

而後全球疫情蔓延，人人恐懼不安。期間我曾前往京都鄉間橋本先生家小住幾日，彼此聊到日本禪宗四十六流開山祖師，無一例外都和中國有關，其中三十個在大宋或大元明心見性，而另外十六個是遠道而來的中國高僧大德，個個都是在日常中活出「天命之謂性、率性之謂道」的行家裡手。對照眼下世道，我們無限感懷，不禁想起一段公案：

（有源律師）問：和尚修道，還用功嗎？

（慧海禪師）回答說：用功。

問：如何用功？

答：餓了吃飯，睏了睡覺。

問：人人都是這樣，跟大師您用功不一樣嗎？

答：不同。

問，怎麼不同？

答：他人吃飯時不吃飯，挑三揀四；睡覺時不睡覺，千般計較。自是不同。

律師聞言無語。

橋本先生的半斷食課程至今幫助過一萬多人，從頭學習如何好好吃飯睡覺。他雖早屆古稀之齡，但救度眾生之心依然熾熱，憧憬根源於中華文化的究竟活法能綿延傳承，在世界大放光明。

祈祝本書能廣結善緣，為橋本先生的大願略盡一臂之力。

自序

我只想作瀟灑自在的人

我從小就很自卑。

體格矮小、資質平庸，笨手笨腳、慢半拍，好像怎樣都不開竅。我一直很在意別人的眼光，對任何人都小心翼翼。

我曾很討厭那樣的自己。

「這樣的自己根本不是自己」、「真正的自己到底在哪裡」我一直在探尋。到了少年時代，想解決這問題的念頭更強烈了。

我開始思索，究竟有什麼方法能讓我變成瀟灑自在的人呢？這成了我最大的奮鬥目標，也成了此後人生旅途上大膽橫衝直撞的根本動力。

青年時代投身戲劇天地、去寺院力行斷食、研究自然農法，以及探究「食」的世界，會有這些機緣，可說都是基因於此。

在「食」的道路上，不斷摸索前行，漸漸發現「食」之奧妙。

人以「食」維生，從「食」取得生命、養育生命，食物大大左右身心狀況。當我深刻明白了如此明顯簡單，一般人卻多不在意、甚至不知不覺的事，人生於是起了極大轉變。對「食」與人生關係的探究，成為我的畢生志業及生存意義。

我投入近半世紀的經驗，整編出有助「真我覺醒」的一套極簡課程——「半斷食」。

這方法簡言之只不過是：少少進食，細細咀嚼自然栽培的優質穀類與蔬菜。只要切實執行，幾乎人人皆可在極短時間內改善體質、回復原本的健康狀態，還可進而活出真正的自我。

換句話說，是藉著飲食去除「遮蔽本能的霧霾」。「半斷食」裡面有一把可讓人通往健康幸福自由的鑰匙，也蘊藏著對世界和平的祝福。

如今，我已在日本和海外舉辦過無數次「半斷食」課程。

日本「正食」（Macrobiotic diet）導師櫻澤如一曾說：「人生意義即在了悟『食』的祕密，做自己喜歡之事，受人仰慕、給人歡喜。」年過古稀，我終於明白這句話，也奉此為享受人生的關鍵。

此書談的是我為「半斷食」課程賭上一生的故事，以及，過程間若有所悟的小小心得，倘若有緣人能在其中得到些微啟示，而讓人生更快樂，那真是甚喜！甚幸！

目錄

第一章

讓生命之花圓滿綻放

櫻澤如一用七個面相定義一個「健康的人」，
他的洞見不但引發日本飲食革命，也風靡西方世界。
因為他，我全心投入探究「食」的世界，
想以此幫助自己和他人
自由自在地活出「健康的人」。

佛教認為人生一切皆業力示現，換言之，任何事情皆始於「因」，加上行為，才形成為「果」。業力束縛是人生痛苦的根源。

我曾以自父母繼承的業力中解脫為目標，年歲增長後才看見，父母也從他們的時代繼承了業力。那是一種總優先考慮他人和周遭環境，近乎習慣仰人鼻息、隨便抹煞自己的卑怯侷促之苦。

繼承這種業力的我，總是戰戰兢兢、自卑自抑，老覺得身不由己，走到哪裡都沒歸屬感。當然，這也跟我們家境清寒，長年四處漂泊、寄人籬下的生活背景有關。國中畢業後，我到一家管吃管住又附帶技職訓練班的工廠工作，因為成績優異而備受肯定，原以為可就此安身立命，但後來卻深恐一輩子都埋在機械化的工作裡，那種躊躇徬徨、自我懷疑的心緒，再度將我籠罩。

之後，我抱著「想要成為更自由的生命」這樣的心願，丟下鐵飯碗，跑去考大學戲劇系，希望藉表演藝術建立自信。起初很興奮終於能「活出自己」，然而，慢慢卻發現，我越努力掌握知識技術，越無法在舞台上自在發揮，戲劇終究不是「我的菜」。我整個青春時代可以說就是，一段為擺脫自卑痛苦而橫衝直撞、心慌意亂的幽暗史。

邂逅「正食」創始人櫻澤如一及自然農法大師福岡正信

直到有一次經朋友介紹，去寺廟參加七日斷食營，有了前所未有的奇妙體驗，讓我隱約淺嘗到生命自由的滋味。

在斷食營，邂逅了正在學習自然農法的同世代年輕人，因為他的關係，又接觸到日本自然農法大師福岡正信，及「正食」(Macrobiotic diet) 創始人櫻澤如一 (George Ohsawa, 1893～1966)。

與這兩位老師的相遇可說是我的人生轉捩點，尤其是櫻澤如一更啟發了我終生的志業。

櫻澤如一在第二次世界大戰後，檢討日漸西化的飲食習慣，認為日本人應重回以糙米、豆類、蔬菜及海藻為中心的飲食方式，控制動物性蛋白質的攝取量，並充分利用本土在地當季食材。他提出的「正食」、也稱「延壽飲食法」，是一種融合陰陽哲學、回歸自然的健康生活方式。

櫻澤如一用七個面相定義一個「健康的人」：精力充沛、食慾良好、睡眠正常、記憶力佳、幽默風趣、知行合一、感恩之心。

他的洞見不但引發日本飲食革命，也風靡西方世界，四十年間出版著作上百本，譯成多國語言。他十分重視女性的家庭角色，曾說：「食物是生命之源，廚房即藥店，主婦即藥店長。」強調烹飪是女性重要修練，因為創造生命是女性天賦的最大特權，「食養」是婦女主導的「世界革命」。

因為他，我和太太成家後，堅定遵循正食理念，在大自然中養兒育女；也因為他，我終於確認這一生真正想做的事，也找到學習的典範。

我想探究「食」的世界，以此幫助自己和他人自由自在地活出「健康的人」。

身體「重新設定」的能力即免疫力、自然治癒力

民以食為天，食物之於人，好比啟動汽車不可或缺的汽油。然而，「食」不僅僅如此而已。「食」更是人類最大的慾望、最深的執著，「食」的世界裡還隱藏著關乎生命本質的奧祕。

草食動物的生命寄託於植物，肉食動物其實也是，只不過還透過動物、間接依存植物而生。世界如果沒有植物，不管草食動物或肉食動物都無法生存。

作為「食」之母的植物，是以陽光、土地的營養，及水、空氣、風的波動等種種自然元素，凝聚濃縮而成；換言之，植物的本質是「自然」，而「進食」這個行為是，藉由植物在自

己的生命中重現自然的世界。

所有生命都必須依循食物鏈法則這個生命之流，若人不依循此流、無法與自然融為一體，便是「生病」。治療疾病的根本即在機能「重新設定」，以期與自然融為一體。這個重設的能力，即所謂的免疫力、自然治癒力。

好比電腦塞入太多軟體，導致運轉遲滯，必須重新設定以恢復原本機能一樣，任意吃下種種食物，也會使得「進食消化」這「中央處理器」不堪負荷，終至生命「當機」。

人類歷史也可說是與饑餓抗爭的歷史，自古如何免於飢餓一直是人類的生存課題，人類體內因而有忍耐飢餓、保護身體的基因。然而，近年許多國家變得富裕，人類似乎「難得飢餓」，人人都大量在吃從沒吃過的食物，一味追求美食，又風行無限暢飲、吃到飽。這些食物多是靠大量化學肥料、農藥來生產的，又可能經過基因改造，濫用人工添加劑、抗生素、生長激素等等。

這樣的飲食習慣造成的「生存危機」，完全不亞於飢餓，甚至衍生更多棘手的疾病，如肥胖、異位性皮膚炎、高血壓、心臟病、糖尿病、癌症、愛滋病等等。醫療機構只好使用更多更強的抗生素，有人預言，在不遠的未來，多重耐藥性細菌病毒的反撲，將直接威脅人類存續。

病逝的高齡者增加，因不孕症、精子減少等問題而無法生育的年輕人也在增加。這顯示人類社會正在衰退中。

據說再過幾年，天災頻發的地球生態將到達一個萬劫不復的「奇點」，人體也正趨向「健康的奇點」嗎？

人身天生的「恆定性」與「自體吞噬」機制

人類身體與生俱來一種「恆定性」(homeostasis)，即能自動排除毒素，並從攝取的食物中補給營養、維持平衡的機能。病人普遍食欲降低，可說就是身體正在發揮這個機能。自古人類便懂得進而利用「斷食」治病——藉完全斷絕食物來促進排毒，回復身體平衡。日本大隅良典教授發現人類「自體吞噬（autophagy）」機制，因這項成就榮獲諾貝爾獎。「自體吞噬」機制，某種程度上正說明了身體自動排毒的原理。

可惜的是，「斷食」這種過去極為平常的「本能療癒法」，如今已變得十分「不平常」，也相當困難。一來，即使只是暫時歇止口腹之慾，現代人、尤其是嬌生慣養的年輕人就難以接受；二來，當排毒力變強，又無法從食物補給營養時，身體會出現「免疫力暴走」，連連引發隱藏於身體深處的病癥，如發熱、咳嗽、疹、痛、癢、倦怠……，對這種東洋傳統醫學稱之為「好轉反應」的現象，原本體力就不好的人，恐怕難以承受這種痛苦，也會因為沒有信心而恐慌，最後身心都承受高壓而陷入危險狀態。

現代西醫一般來說對排毒的「好轉反應」不大用心，總一味以疾病對治，更投藥壓制症狀，如此雖可能快速消除症狀，實則將病根進一步往身體深層壓抑，延誤改善時機。

因此，多年前我就認真思索，是否有可能讓人在短時間內體認到「食」的真諦，並且安全地藉斷食來恢復人體機制的「原廠設定」？

正好在那時候，聽到「半斷食」一詞，那是櫻澤如一生前提出的。櫻澤老師曾在法國健康學園開辦「奇蹟斷食營」，在短短十天內治癒許多疑難雜症，一時轟動全球。然而，完全斷食是極端做法，難免有危及性命的隱憂，相對下，「半斷食」安全許多。遺憾的是，櫻澤老師並沒留下半斷食操作細節，所以，我期許自己來接續構思規劃。

經過大約四十年，來自十幾個國家的將近一萬人體驗過我的半斷食課程；更精確來說，應該是四十年來、十幾個國家近萬人以親身實驗心得，和我一起不斷琢磨、精粹出了半斷食課程。

「半斷食」的三個原則

「半斷食」簡而言之即是，以少食少飲之「類斷食」來復原身心的方法；也是單純「將正確的食物以正確方式烹調、正確方式食用」的「飲食健康法」。

「半斷食」與斷食在方法上有些差異，但效果相同，可以肯定的是，「半斷食」比斷食安全許多，無論是誰、無論何時何處都能進行，可謂更生活化的新斷食法。

為何說是「半」斷食呢？

因為它既不像斷食那樣完全斷絕食物，也不是吃飽喝足，而是斷食與進食一半一半並行。其卓越之處在，能準確按下自體吞噬的啟動鍵。

透過攝取極少量飲食，發揮比斷食更顯著的自體吞噬效果，積極促使排毒，也充分補給改善體質所需的營養。

在斷食變得難以落實的現代，「半斷食」提供大家一個徹底重新認識食物、重新學習飲食的辦法，也是一個如實體證以飲食淨化身心、重現健康生命力的機會。

我所設計的「半斷食」課程三大原則是：

一、少食、少飲。

二、好好咀嚼。

三、好好運動。

以上為基本原則，各人各自斟酌細節、調整程度，達成各自的目標。

第一個原則「少食、少飲」的份量到底多少？每個人的解讀大有差異，但盡可能參照「正食」樸素餐飲的內容和份量進行。水份攝取量也跟食物一樣，依各人體質與狀態，在不危害身體的前提下少量飲用。

人的體重百分之六十以上為體液，很多人覺得限制飲水比限制進食更難熬，原因出自時下人人大都攝取了過量卡路里。如何因人而異給予飲水指導，是最考驗半斷食課程老師的題目之一。

第二個原則「好好咀嚼」，這是一般人都相當輕忽的，也渾然不知這其實是促進排毒最簡單有效的行動。

不細細咀嚼就直接吞食的習慣，源自於現代食物大都講究柔軟，以致不大需要費力咀嚼。這造成人們牙齒牙齦的功能沒充分發揮，容易快速吞食過多、營養過剩而肥胖，及消化不良、骨骼脆弱……等等問題。

日本有個「咀嚼學會」，由醫師、護士等醫療從業人員組成，他們針對咀嚼對改善身心狀況的重要性進行實驗，發表了許多驚人的研究成果。

半斷食課程一般為期一週，基本上一天一餐，以一小碗糙米飯、一個梅干、兩片醃蘿蔔的極簡餐飲開始。不過，並非連續七天都持續這樣的餐飲內容，而是觀察每位學員個別的身體狀態和變化，每天一點一點循序漸進、靈活調整。

課程中要求好好咀嚼的方法是，每口的食物量約拇指一節大小，也就是日本自古所說的「一筷」的份量。太大口會讓咀嚼變得粗亂；太小口則難以咀嚼。將這樣的每一口徹底咀嚼兩百下再吞嚥。這樣吃完一餐飯，多數人需要花上一個小時。

莫小看這樣的徹底咀嚼，僅僅如此就可能讓人豁然領悟「食」之奧妙深邃。非親身體驗者難以想像。

第三個原則「好好運動」也十分重要。體質改善的速度與效果，會因運動而有極大差異。

健行被稱為有氧運動，以吸取大量新鮮空氣，促進體內新陳代謝、血液循環，致使更深層毒素更快排除。半斷食課程中，除了步行困難的學員，原則上所有參加者每天得空腹在山路上步行約十公里，猶如僧侶的修行。

一開始覺得長距離步行很困難的人，課程進行到後半段時，多能在山路上輕快奔跑；而拄拐杖來課程報到的長輩，回程已不再需要拐杖。課程後半段，多數學員都清楚感受到，以飲食恢復身心活力的神奇效果。

這樣的健行是半斷食課程不可或缺的一部分。

記得有一年在福島深山舉辦課程，有多組親子學員，當我看到揹著小孩默默走在山路上的母親們，不禁由衷讚嘆「女子雖弱、為母則強」，內心深受感動。

七天半斷食課程的其它內容還包括：分組與個別諮詢、「食」的講座、治療法與料理的實習、體操、瑜珈、以足按摩、呼吸法、冥想等，都是課程結束後，可以帶回去在日常生活中繼續實踐的健康法。

疾病給人帶來的其實是重生機會

若問什麼是人人都想得到的，那無疑是幸福、自由、健康。而健康可說是幸福自由的基礎。若問什麼是人人最想遠離的，那想必是「死」，以及容易直接聯結到死的「病」。

被譽為醫學之父的希臘希波克拉底，在兩千多年前已對何謂疾病做了簡單扼要的定義：

「所謂疾病，是為了提醒人類什麼才是更好的環境而有的。」

第一次聽到這句話時的感動，我至今記憶猶新。沒有哪句話比這句更洞察疾病、更直指疾病本質。

希波克拉底所說的「環境」，涵蓋兩種意義。一是社會、自然環境等生活外在環境；另一是快樂痛苦、健康疾病等生命內在的環境。這兩個環境，無論哪一方有缺失，人都不能感到安全、安心。唯有兩個環境都好，人的生命才有保障。

希波克拉底也在提醒我們，必須思索怎樣才能從根本治療疾病？

那就是，改變心態、價值觀，調整生活方式，檢查並矯正內外環境。疾病其實是給人帶來重生的機會，值得感恩，也值得用心對待。

有緣來參加半斷食的人，多半發現自己不是「真正的自己」，感受到身心不舒適、想要做出改變。對那些還沒覺察到身心不舒適的人而言，半斷食則無用武之地。至今我接觸過無數抱著身心問題、人生困難前來參加課程的人。每次看到這些人課程後脫胎換骨、宛若重生，那都一再提醒我，包括疾病在內的人生種種難題，其實都是來助人成長的。我很喜歡日文的「謝謝！（寫作「有り難う」）」一詞，這詞含有「困難、難能可貴」的意思。如果能轉念將困難視為值得感恩的禮物，那麼世上一切試煉、難關都難能可貴。

半斷食課程最歡喜的時刻是，最後一天的最後一課——學員分享各自體驗與心得的時間。學員普遍都反省到，平時忘了對親友道謝，也忘了對自己活著這件事心懷感恩。許多學員落下歡喜的熱淚，也曾有高齡男性因了悟真我而放聲大哭，這真情流露的波動，使得全場紛紛啜泣，拭淚的面紙盒在圍坐的圈中傳來傳去。

半斷食讓生鏽粗鈍的五感重新甦活，回復原本赤子般的敏感細膩。我也總被這樣的感動所感動，禁不住淚水潸潸，悠悠回想起年輕時初次完成斷食後、看到世界閃閃發亮時的心情。

每個人都是一朵來自父母種子的、獨一無二的「生命之花」，遇見真正的自己時，正是以最適合自己的方式圓滿綻放時，也是確實幸福、自由之時。

當人間這樣處處「開花」時，才有真正的世界和平。

第二章

寄人籬下努力討生活

寂靜的海灘上，防風林綿綿無盡地蔓延。
海風撞擊防風林，颯颯作響，彷彿悲傷的嗚咽。
那是我童年的搖籃曲。
無論是小時候跟著父母，或長大獨居，我總是不停搬家，
曾被我稱之為「家」的地方，起碼超過二十個。
我究竟在尋找、追逐什麼？

第二次世界大戰結束兩年後的一九四七年，我出生於日本新瀉縣僅數十戶人家的小漁村。寂靜的海灘上，防風林綿綿無盡地蔓延。我們家是間破舊的小茅屋，旁邊有條通往沙灘的狹窄石板路。海風撞擊防風林，颯颯作響，彷彿悲傷的嗚咽。那是我童年的搖籃曲。

後來，我成家居住在福島縣深山裡，壞天氣時，森林劇烈搖晃，那聽起來恰似回到故鄉的海岸。每當颱風過境時，森林更發出令人顫慄的巨響，但我卻莫名覺得熟悉安穩。

父親退伍返家後，每天都為了養育妻小而在外奔波；母親在住家附近的小片土地上辛勤耕種。當時戰後的日本，家家戶戶都在貧困中奮力求生。

回憶兒時，腦海中常會浮現如此景象：沙灘白白亮亮的、海藍藍的，滿天都是海風的味道和松林的聲音。我被拴在家門邊迴廊的柱子上，身旁有個稻草編織的大籠子。

那應該是我的搖籃吧？也許是母親暫時離開，為免我亂跑跌跤，才把我這樣綁著。這是我內心的「原始風景」，象徵著自幼那種感覺受困、不自由的無奈心情？也可能這並非我的記憶，而是生來所接收的、父母埋藏的記憶，只是從我這裡浮現出來而已？

故鄉平常日夜都被周而復始的潮汐之音籠罩，佐渡島在海的另一邊，若隱若現，我一直幻想著哪天去看看。夏季，我們在海灘盡情嬉戲；秋冬時節，桀鶩張狂的日本海，誰也不想靠近；春天，用手挖掘「濱防風」（一種稀有野菜）來吃，那苦澀的滋味，至今難忘。

▲作者出生於二戰結束後的日本海邊小漁村

到北海道投靠外祖母作為繼室嫁入的家

大約五、六歲，我們搬去同村的祖父家住。祖父家中除了祖父，還有祖父的繼室——我們的繼祖母，以及繼祖母所生的兒子，還有與我們年齡相近的孫子們。

父親是祖父的長子，我們住祖父家合情合理，然而，現實並非如此。或許父親因某些緣由，離家讓出長子之位？但為何再搬回去？年幼的我毫不知情。

祖父非常慈愛，當時他養了幾頭豬，每天都在圍爐上架個大鍋，把剩菜剩飯放進去煮成豬飼料，我和妹妹總在一旁看著，祖父偶爾從鍋裡夾些馬鈴薯或地瓜給我們，當時覺得真好吃。

相對於祖父，繼祖母對我們相當苛刻。吃飯多配了點梅干，就會被叱喝浪費，總為日常小事斤斤計較、叨叨不休。但她卻偏疼自己兒子所生的小孩，這是我人生首次感受「差別待遇」，繼祖母也是我人生第一個討厭的人吧？

七歲進小學，我只讀了一年，就因父親工作關係，搬到千里之外的北海道函館。這次是搬到外祖母作為繼室嫁入的家。跟在故鄉祖父家一樣，也是寄人籬下。當時，大姊已國中畢業，去了東京，在舅舅的工廠工作，父母親、二姊、妹妹和我五人，被安置在主屋一角，一個臨時搭建的倉庫。

那是一棟以木牆作圍籬的豪宅，主人是客運公司高層。記得有一天，客運公司員工洶湧集結，牆外傳來要求加薪的示威聲浪，聽來既恐怖又詭異。

那個家也有跟我們年紀相仿的三個小孩，比起有血緣的我們，外祖母似乎更加寵愛那個家的小孩，差別很明顯。外祖母的態度，讓我感覺我們跟有錢人家的小孩是不同人種，連母親有時也不禁抱怨。

在函館的生活，跟以前一樣，總是拘謹不自在。日間父母外出工作，家裡只有我和妹妹。放學後，我和妹妹總是跟鄰居小孩在附近玩耍，玩到下午，大家都餓了，每到這時，有個帶了飯糰的玩伴就會在大家面前津津有味地吃起來。那抹上味噌的白米飯糰看起來美味無比，讓我暗羨不已，我和妹妹只能拔些野草、果實，胡亂果腹。在麵包工廠工作的母親偶爾帶一些賣剩的、變形的麵包回來，那已堪稱完美點心。東京的舅舅曾寄贈一大罐金太郎飴，裡面有我們最愛的高級牛軋糖，雖然不常見面，但每次見面他總是大聲呼喚我和妹妹的名字，這樣的舅舅是我最喜歡的長輩之一。

在外祖母家住了約一年，父母在距離外祖母家不遠的市區租了一個房間，我們再次搬家。新家在面對火車鐵軌的二樓，房東住一樓。房裡連廚房都沒有，只在角落安一個小小流理台。當時二姊國中畢業了，在包住宿的市內鐘錶店工作，我們一家四口就擠在這狹小的房間裡生活。

事事遷就忍讓才能勉強撐持生活

無論搬到哪裡，我們一家大小都擠一個房間，生活作息全都一起行動。我則喜歡獨自窩在把棉被取出後的空壁櫥裡睡。

無論是小時候跟著父母，或長大獨居，我總是不停在搬家，曾經被我稱之為「家」的地方，起碼超過二十個。頻頻搬家，究竟在尋找、追逐什麼？

小學六年，我先後住過三個地方，轉了三所學校。內向害羞的我，總需要很長時間才能重新適應。

整個童年，我不曾被父母無理責罵，也幾乎沒有與姊妹爭吵的記憶。我們是和諧的家庭，父母親都是不愛與人起衝突的人。另一個原因是，我們家一直很窮，要能夠事事遷就忍讓，才能勉強撐持生活。

我從小也很怕衝突，無論多瑣細的事都避免與人爭執，只要稍微飄出不愉快的氣氛，我就想趕緊逃離。也許因為這樣的性格，升上小學五年級，我竟成了一個愛搞笑的小孩，在畢業生歡送會上，我跟同學模仿了當時流行的漫才組合（日本的一種喜劇表演形式，類似雙人相聲），逗大家開心，覺得很有成就感，長大後，我甚至認真考慮要當喜劇演員。

比常人心思縝密的父親，隨時隨地都先考慮別人。每當我和妹妹走路發出些微聲響，就會被父親責備：「這樣會干擾到樓下房東，安靜地走！」

據父親說，祖父比他更會顧慮他人，聽說連自家屋簷的雨水滴落鄰居庭院也會不好意思。

住在東京舅舅家的大姊，逢年過節會回家看我們。從國中時代一直住在東京的她，說話已有東京腔，雖然有點矯情的用字遣詞聽起來微微生疏，但我同時也因有個「都市人姊姊」而莫名自豪。

記憶中我幾乎沒跟大姊一起玩過。身為貧家長女，我想大姊肯定吃了不少苦。大姊對家中唯一男孩的我，總是關懷備至，不時嘘寒問暖。

我神往如漫畫忍者搖身變成另一個人

在這樣拮据的家境成長，不知不覺中，我也跟父母一樣，成為一個極度顧慮別人的人。

這樣的我，在校事事不順、充滿自卑感。我出生於三月，同班同學大多比我年長一歲，按身高排隊時，我總是排在前面第二或第三，真希望自己快快長高。

當時日本方方面面高度成長，全力邁向富裕。許多同學在上小學之前先念過幼稚園，讀小學還兼上補習班，而我從小連什麼繪本故事書都沒摸過。我們家根本沒那樣的餘裕。我的學科成績在班上是倒數幾名，體育成績也幾乎墊底。

所幸我遇上身材嬌小、和藹可親的音樂老師，因為她的鼓勵，我非常喜歡大聲歌唱，往後也成為熱愛音樂的人。

升上國中，我還是沒有長高。一年級時加入柔道社，第一天就被學長徹底打趴，馬上放棄了。之後加入棒球社，因為矮小，一次都沒入選正規球員，整整三年都在場外撿球。

我開始拿窩囊的自己跟人比較，越比越自卑，越消極怯懦。我常神往漫畫裡只要把手指交叉、唸唸咒即能變身的忍者，多希望可以搖身變成另一個人。

如今回首，少年時代的自卑感，往後竟成為我人生的主要原動力。那些常人以常識來思考會認為不可行的事，我卻能不當回事、義無反顧去完成。也許，這正是自卑感的反作用力吧？

常聽姊姊們說，母親成天為錢所苦。確實，我們家無論搬到哪都是租房，父母每天外出工作賺錢，我和妹妹總是在挨餓。即便那時家家都不寬裕，我們家還是相對更貧困。我們家附近有家拉麵店，店主的小孩是跟我年齡相近的一對兄妹，他們每天有十元（日元）零用錢，當時我覺得他們真是天之驕子。

小學五年級，我就開始打工派送報紙。這倒不是為了幫補家計，而是父親希望早日把我訓練成男子漢。打工之後，覺得自己好像變成大人了，內心歡欣鼓舞。

報童得在清晨六點開始工作，準時給數十戶人家送報。北國天亮得晚，早晨又黑又冷，不管下雨或下雪都得送報，這對一個十歲左右的小孩來說，絕非輕鬆差事。然而，我歡歡喜喜地堅持下來了。童年的送報經歷，讓我此後無論遇到多艱苦的工作都坦然無懼。

這份工作的另一個好處是，可以用自己賺的錢買想要的東西。記得當年用第一份薪資買了筆記本、鉛筆和橡皮擦，之後還買了書桌、棒球服裝用具。

只要工作就能買到想要的東西，打工經歷給了我這樣一份單純的自信。

我們家有個每日必行的家規，那就是打掃。每天早上起來，摺疊棉被、整理房間，一日由打掃開始。由於二樓沒廚房，我得到樓下房東家提水到二樓，在陡峭的樓梯運水，是我的每日任務。這對瘦小的我來說相當吃力，但我對自己能達成任務深感喜悅。

我們家用餐時習慣端正跪坐，稍微鬆開腳，父親必拍打我們的膝蓋。多虧如此嚴厲的家教，長大後，我完全不覺得跪坐進食痛苦，無論什麼場合，鬆開腳隨意散坐反倒不自在。

總之，隨時保持整潔、不可給人添麻煩、隨時顧慮周遭的人，這些對我來說不是規矩，而是從小的生活習慣。與嚴厲的家教相同，借住兩位祖母家時總被苛刻對待，讓我提早明白社會現實，想想也都是好事。

至於頻頻搬家、轉校，因而接觸更多風土人情，其實也挺不錯的。

如此一想，童年點點滴滴都是助我成長的資源。日本俗諺說「三歲定百歲」、「年少吃苦金不換」，我由衷感謝這樣把我養育長大的雙親，成長路上試煉很多，我因此變得堅強不怕苦，真是太好了。

父親常說：「五湖四海都有老天爺和一口飯」

關於父親的記憶都零零碎碎。他總是日夜奔波，在外賺錢養家。

搬到北海道後，父親當起裱具師，為拉門糊紙。他認真嚴謹，凡事一絲不苟，這樣的性格不只表現在工作方面，日常生活也處處可見。

例如父親十分注重清潔。他常登門拜訪客戶，他總跟我們說，客戶是什麼樣的人家，只要看玄關、廁所、廚房，就一目了然。在我們家，只要廁所稍微骯髒，父親就會拆下便器，用腳踏車載到海邊，以自製的捲繩刷子沾些許沙粒，大力刷洗，直到潔淨透亮。

北國冬季早晨十分寒冷，即使漫天飛雪，父親也一樣把窗敞開，抓一小撮雪撒在榻榻米上「吸塵」，然後用掃帚仔細清掃每個角落，再用抹布徹底擦拭。沒雪的季節，則用濕報紙或茶葉渣取代。我們只有一個房間，全家人得同時起床才能打掃，不管多睏多冷，都得配合。

我們租的低廉房間當然也沒浴室，父親幾乎每天都帶著我到附近的澡堂洗澡。到了澡堂，父親最先做的事，竟是舀浴缸水面上的浮垢。在公共澡堂根本沒人會做這種事，但父親連清潔公共浴缸也不馬虎。

每次去澡堂，父親總用毛巾把我從頭到腳搓到通紅，我都嫌痛，但如今回想，那也是父親對兒子一種愛的表現。

此外，過年切年糕時，父親會拿出工作用尺，仔細度量後，切得每片一寸不差。

這樣的父親也有不拘小節的一面。他會帶我們上山採野菜，也會只穿內褲就潛入海底捕抓海鮮。他愛逛函館早市，至今我到各地旅遊，總想去逛逛當地早市，想必是繼承了父親的喜好。

他也愛說笑話、逗孩子開心。父親的搞笑雜藝中，有一招是，要我們幫他檢查「屁股蟲」，當我們認真趨近查探時，他卻突然大聲放屁，害我們慌忙轉身逃竄。如此愚蠢的作弄，就讓全家笑成一團。

大概我五、六歲時，每到村莊年祭，父親都在腳踏車上架個裝滿冰塊的箱子去賣冰棒。冰棒只在夏季特別時刻才吃得到，其他的小孩得來跟父親買，只有我和妹妹可免費享用，這讓我開心得意。

父親常用他那大型舊式腳踏車，一前一後載著妹妹和我，瀟灑吹著口哨，在鄉間小路上奔馳。有時還把妹妹的濕尿布掛在把手上，一路國旗似地啪噠啪噠迎風作響。

坐在模樣滑稽但英姿煥發的父親身後，我拚命緊握以免摔車，任風一陣陣呼嘯過，好懷念那樣的時光。至今我依然記得父親吹的曲子，那是當時流行的西部劇主角打勝仗後騎馬而歸時響起的配樂。

偶爾父親會帶我到河邊或海邊捕魚。父親和我分握薄手巾的兩端，站在岸邊捕撈隨浪而來的小魚，一次可捕獲許多，非常有趣。我們也曾搭小船去海上釣魚。這是我最開心的父子同遊時光。

晚飯後，把我們哄上床，父親習慣一個人品茗，發出嘖嘖讚賞的聲音。蒙著棉被覷望父親放鬆休息的背影，讓我也感到安心歡喜。

父親到遠方工作時，每月都會用信封裝三萬五千日元現金寄給母親，那相比送報的薪資是筆「鉅款」，我以每月都能賺這麼多錢的父親為傲。在我眼中，父親是最偉大的男子漢。

記得父親常說：「五湖四海都有老天爺和一口飯」。一絲不苟、處處考慮他人的父親，同時也是個把這種豪語掛在嘴邊、豁達灑脫的人。

旅行時，眼看蒸氣火車就要開動，母親都快急死了，父親才不慌不忙地跳上車。我欣賞這樣泰然自若的父親。我喜愛大自然、悠然自得的性格，無疑也是遺傳自父親。

父親五十三歲那年，到釧路出差貼壁紙，不慎自高架上摔落，英年早逝。無法在成年之後再與父親同遊暢談，這成了我永遠的遺憾。

第三章

十五歲的孤注一擲

母親抱著父親的骨灰罈回到家裡。

辦完告別式後不久，突然說要一個人去旅行。

她跨過津輕海峽，去了青森縣的「恐山」，想與陰間的父親聯絡。

透過盲眼降靈者，母親聽到亡夫的預言：「未來兒子將從事與『食』相關的工作」。

父親意外身亡時，我十四歲、國中二年級。

父親每次出差，都用一塊白色的大包袱巾將工具包好，扛在肩上。父親最後的背影，至今仍銘刻在我腦裡。

母親即刻趕往當地，幾天過後，抱著父親的骨灰罈回到家裡。

辦完告別式後不久，母親突然說要一個人去旅行。從未聽過母親說這樣的話，我們很擔心。後來才知道，母親從函館跨過津輕海峽，去了青森縣的「恐山」。

一如其名，恐山是個陰森恐怖的地方，據說當地有種降靈術可使人們與故人的靈魂相會。那裡住著一群被稱作「Itako」的盲眼降靈者，從古至今，恐山一直是視覺障礙者棲身維生之處，因全日本各地都有人走進這荒山野嶺想與陰間親友聯絡而聞名。

不敢相信母親做出如此匪夷所思的舉動，不過可想見那是一場前所未有的堅決之旅。後來，聽了母親的經歷，我竟也想去一探究竟。

長子十二歲時，作為小學畢業紀念，我和他兩人開車環日本一周，便順道去了慕名已久的恐山。親眼看過後，覺得恐山真像陽世裡的陰間，放眼盡是溫泉的熱氣升騰，硫磺味瀰漫，崎嶇荒涼，不枉「地獄谷」別名。

在那中央，有一個奇異的湛藍小湖，湖畔插滿鮮紅色風車，旋轉時發出喀啦喀啦詭譎的聲響，還有一條分隔陽間與陰間的「三途川」，岸邊遺留著訪客帶來的祭品，覬覦這些祭品的烏鴉，漫天盤旋飛舞，讓人不寒而慄。

當年從恐山之旅回到家的母親，跟我細說了與父親靈魂相會的過程。藉 Itako「顯靈」的父親說：「沒想到會這麼早死去，真遺憾」，「未來兒子將從事與『食』相關的工作」。

聽母親這麼說，我想像到的是，假使未來真如父親所說，那肯定就是到姊姊們工作的、東京舅舅的糖果工廠吧？

經過六十多年的現在，正如母親所聽到父親的預言，我成為在「食」世界工作的人。而且，既不是糖果工廠師傅也不是廚師，而是希望透過食物讓人健康、改變社會以及世界的工作。世事真不可思議！

母親帶我們到東京投靠舅舅

父親逝世了，這個家今後該何以為繼？母親左思右想，決定舉家搬到東京投靠舅舅。

舅舅不時千里迢迢前往北海道探望我們，跟母親一樣，舅舅是我在這世界上最信賴的人。大姊從國中時代開始就以類似養女的形式，住在舅舅家。二姊國中畢業後曾經在函館工作一段日子，後來也前往東京工作，住在舅舅家。不忍母親生活清寒，舅舅總是盡力扶助。

當時我和妹妹，分別剩下一個學期就從國中和小學畢業，所以我們先搬回故鄉新瀉，完成學業，再搬到東京。

當時的東京是年輕人心之所向、滿載夢想的城市。許多與我同年代的人，在國中畢業後前往東京的公司就職，夢想著未來富裕的生活。我聽到「東京」也是心如擂鼓、充滿憧憬。可是，親身踏入這座城市一看，對在新瀉漁村出生、北海道鄉間長大的少年而言，東京簡直是異次元世界。

一家三口輾轉跋涉終於抵達的東京，比我想像中還要龐大。在舅舅居住地的池袋火車站下車，仰望櫛比鱗次的高樓大廈，倏然無緣無故潸潸淚下。今後將寄生於此的城市，看起來猶如一隻巨大無比的怪獸，不安與焦慮瞬時排山倒海湧現。

舅舅在東京市中心管理一家由家族經營的小型糖果工廠，那工廠老闆的宅第位在市郊，舅舅不但拜託老闆，讓他在宅第邊上一角空地為我們搭建一間遮風避雨的小屋，還請社長雇用母親作家庭幫傭。雖然我們一家人再次過起寄人籬下的生活，但那是一棟獨立房子，這對我們來說是極大救贖。

堂堂老闆的家，在我眼中當然是豪宅，豪宅裡住著社長夫婦、及兒子一家人，還有跟我們兄妹倆沒差幾歲的孫子們。豪宅旁還住著社長女兒一家人，也有跟我們兄妹年齡相近的小孩。我們被富裕的人環繞、帶著拘謹的心情開始都市生活。

在人人自顧不暇的年代，這樣承蒙舅舅與老闆的恩惠，實在心懷感恩，然而我內心卻不舒坦。因為，老闆太太不分晝夜也無論大小事，不時大聲使喚母親，母親必得大聲回應、迅速奔去聽命侍候。每次聽到她命令的口氣，我都覺得母親好委屈可憐，心情隨之鬱悶起來。

當時的我正面臨國中畢業後上哪就業的課題，舅舅如我所料，已跟社長說好，讓我像姊姊們那樣到糖果工廠工作。舅舅這個計畫，讓我第一次對敬愛的他生起一絲莫名的厭惡。倘若選了這條路，母親肯定至死都得留在這裡當幫傭。我和妹妹也得跟姊姊們一樣在這家公司做工。不！我絕不讓母親一輩子看人臉色，如籠中鳥般困在這裡。

讓母親擺脫這環境的最後機會，取決於我畢業後的選擇。儘管還是小孩子，我心裡很清楚這一點。我把舅舅用心良苦的計畫暫置一旁，私下找班導師商量，最後選擇了一家位於東京郊區的無線電信公司。

無線電信的工作，聽起來頗具開創性，更重要的是，成為員工可與家屬一起入住公司宿舍。要是我能進入這家公司，就能擺脫眼前困局，給母親自由。這是當時的我能為母親盡的最大孝心。

帶著母親和妹妹住進公司宿舍

我戰戰兢兢地將這計畫告訴姊姊、舅舅時，大家都沒表示同意，母親也夾在我和舅舅、社長之間左右為難。

不過，我意志堅定，無論大家怎麼勸說都不為所動。我永遠忘不了，當我的就業問題塵埃落定，母親悄悄對我說：「我真的好高興啊！」這是我最想聽到的一句話。

我選擇進這家公司還有一個理由：公司設有在職培訓所，可同時工作和進修。進修三年即可在公司內取得高中畢業文憑。對只有國中畢業的我來說，這是一張小小的未來承諾書。而且，開始工作意味著可以賺錢養家，讓母親和妹妹過好一點的日子。這是我從小的夢想。

國中畢業的那個春天，我順利進入這家公司，也如願帶著母親和妹妹住進公司宿舍。那是十五歲的我，為了自己與家人的自由，有生以來第一次鐵了心孤注一擲完成的事。

進入公司之後，通過考試、進入培訓所。這也是有生以來第一次感覺自己成為「被選上的人」，自卑的我終於有一件可以對自己感到驕傲的事。

在職培訓所是讓未來有望領導公司的職工候選人進修技能與知識的學校，共分三個年級，每年級只有十五人的小

▲ 國中畢業後考進附設培訓所的電信公司

班。上午，跟普通高中生一樣學習基礎課程；下午，學習未來在職場上所需的各種知識與技能。除了學習，運動時間也很充足。在休息時間和體育時間，可以練桌球、羽球、劍道、排球等等，我每天都過得很充實快樂。

下班後去高中夜間部念了四年

很幸運地，母親也受雇在公司食堂工作。公司宿舍在公司大門前，每天早上，母子分別前往各自的職場。

食堂位於培訓所同棟建築物的一端，母親負責打飯菜時，只要看到培訓所的學生去食堂，飯和菜都給大家盛得滿滿，大家都高興稱讚「橋本媽媽」的好，這樣微小的瑣事，也能讓我由衷歡喜。

職場裡的同學們與我的家庭背景相似，跟他們一起工作、生活非常自在愉快。第二年，開始依各人專長分配電氣、機械、完結收尾等不同職別，我選擇最講究手指技術的製品完結收尾部門。

我繼承到父親的巧手，三年級時，曾代表公司參加當時技術人員都十分嚮往的世界技能大賽。當時的日本已是世界頂尖的技術大國，每一屆都有技術人員贏得獎牌。雖然很遺憾地我沒能贏得獎牌，但仍取得漂亮高分。那無疑是我有生以來最驕傲的成就，老師們也都看好我未來成為公司技術部門的重要支柱。

充實愉快的日子持續了一段時期，每天作息循著鐘聲規律運轉。一想到從今往後都要過著如此單調的工作與生活，不禁有些惆悵。連自己都有點意外的是，一直不想上高中的我，開始考慮下班後去上夜間高中。

基本上公司不希望栽培出來的人才離開公司，所以明文規定禁止學生去外面上高中，但實際上還是有人瞞著公司去，老師們也寬容地睜隻眼閉隻眼。於是，我決定報考從公司步行可及的三鷹高中。每天下午五點培訓所下課後，我就隱身到工廠牆外，在三鷹高中夜間部念了四年。

個子矮小的我，竟從那時開始抽高。我想應歸功於當時的環境：得心應手的工作與生活、盡情享受的體育運動，和食堂裡營養豐富的餐點。

曾經充滿自卑感的我，不知不覺中，在工作、學習、運動各方面都建立起些許自信，發覺自己已變成一個積極進取的人。

上日間高中的同世代少年都是家境富裕的孩子，而夜間部同學都跟我一樣，白天得在職場上班。這裡的學生年齡參差不齊，有的同學比我大好幾歲，學校儼然是大社會的縮影了。

被可變身為不同角色的戲劇魅力所吸引

那時期，我很喜歡一位溫文和善的社會科老師，常跟他聊天談心。後來，我協助老師創立了學校未曾有過的戲劇社，擔任召集人的我還成了社長。

當時怎麼就如此輕易決定演戲？如今回想覺得不可思議，但我想這應該跟我小學時代看過舞台表演的經驗有關。

大概四、五年級，還住在函館的時候，偶然有機會拿到免費門票，進劇場觀賞當時著名歌手的表演。親臨劇場，我完全被那美麗夢幻的舞台震撼住了。其實那不過是普通舞台，然而對有生以來第一次看舞台表演的窮小孩來說，那真是勾魂攝魄的綺麗世界。

另外，可能也是被「可以變身為不同角色」這樣的戲劇魅力所吸引吧！

夜間部社團活動從放學後的九點開始，十點必須離校，所以只有不到一小時時間，我們經常過了十一點還在排演，校工老是來催促我們回家。第二天一早又要上班，我幾乎天天熬夜，但卻甘之如飴。我們曾以自己創作的戲曲參加競賽，頗受好評，那讓我心滿意足，更加熱愛戲劇。

分配到職場部門成為正式員工後，離高中畢業還有一年時間，我繼續上夜間部。但四年高中生涯接近尾聲之際，我重新思考今後的人生，竟動念想改朝戲劇領域發展。

可是，母親和妹妹的生活好不容易安穩下來，要是辭掉工作，就得搬出宿舍。我越想越煩惱。有一天我鼓起勇氣把想法告訴母親和妹妹。我以為母親會反對，然而她不但沒絲毫不悅，反而對我說：「你想做什麼就去做吧！」一如以往，我的前途因母親一句話有了定案。

我馬上著手申請租金低廉的國民住宅，很幸運地申請到了。這住宅離公司有點遠，位於東京郊外，母親和妹妹搬到那裡，我則下定決心獨自生活。母親依然從新家來公司上班。

母親一生無法隨心所欲地活，因此她更支持我和妹妹選擇自己的道路，實在非常感恩。

為迎接大學生活傾全力打工

為了告別公司、踏上戲劇之路，我必須找到棲身的住處、餬口的工作，更重要的是找到可以學習戲劇的地方。

最後我選擇了早上送牛奶的工作。摸黑早起是我在小學打工送報就經歷過的。牛奶店很歡迎邊工作邊學習的年輕人，店旁邊有間員工小宿舍，住著跟自己年紀相若、半工半讀的年輕人，老闆夫婦很照顧我們。

每天工作由清早四點開始，把牛奶箱搬到大型腳踏車後座，左右兩邊把手掛上大布袋，袋裡也裝滿一瓶瓶牛奶。滿載腳踏車極難平衡，光扶著都重得快要倒下，沒相當腳力腰力的人根本騎不動。每天大約花兩個小時，把牛奶送到一百多戶人家，雖然極耗體力，但對我來說卻是絕佳的體能鍛鍊。

那時我的身體已強壯得讓自己都有點意外。有住處、有收入、工時短、又可鍛鍊身體，每天工作結束後還能喝上鮮奶，這真是十分理想的工作。

我想既然選擇戲劇之路，就一定要成為「日本最佳演員」，因而想進入一流劇團學習。於是，我先去一家著名的劇團培訓所看看，遺憾的是，培訓所已關門了。還好不久後，培訓所升格為日本第一所戲劇專業的大學，隸屬於音樂界著名的桐朋大學，名演員千田是也擔任校長，召集了各方一流戲劇專家來授課。

我參加了這所學校的入學考試。只有高中戲劇社團經驗的我，當然落榜了。

不過，想要貫徹這條路的意志絲毫未變。為了翌年再次挑戰，我決定在東京一個小劇團當研究生，用一年時間每晚學習戲劇基礎。

早起送牛奶，日間還兼其它打工，晚上學習戲劇，幾乎每晚都忙到凌晨，但我絲毫不以為苦，反而為朝著夢想前進而雀躍不已。

「五湖四海都有老天爺和一口飯！」父親這句口頭禪常在我心，現在輪到我實踐這樣的豪情壯志。

我加入的劇團有點老派，承襲俄羅斯現實主義戲劇嚴肅的風格，跟我想追求的自由演技恰恰相反，戲劇內容也充斥政治色彩。那時代，很多學生都熱中政治運動，劇團常以促進政治改革為目標，政治立場不同的舞台劇演員，有時會帶棍棒互砸舞台。

原本我對政治毫不關心，但身為一個勞動者，也對社會弱勢者被政治壓榨憤憤不平，因而加入反政府的學生運動陣營，還為了對抗警察去練拳。

在那同時，我也對觀察社會百態興致高昂。我隨機在各處打工，做過餐廳和爵士樂咖啡館服務生、深夜修路工人、鐵工廠黑手、保齡球場清潔工、露天劇場燈光師、鬧市秀場工作人員等等。我相信，親身體驗世間萬象、深入觀察各階層人士，是精進演技的重要功課。

我第二次挑戰入學考試，終於如願成功，又幸福又驕傲。

為迎接憧憬已久的大學生活，我每天傾盡全力打工，並用積蓄買了一部機車，開學後，總迫不及待在上課前一個半小時就抵達教室，開始獨自仔細打掃用來練習體操和芭蕾舞的戲劇系實習室。

那是一個可容納幾十人的木頭廣間，掃一遍再擦一遍，至少要一小時。清潔完畢便在玄關灑水防塵，然後靜候上課。就這樣自動自發，為「戲劇修行聖壇」整整打掃了兩年。

當然，第一個進教室的總是我，我坐在最前面，整堂課意氣高昂，下課時最後一個離開。

恩師北澤方邦引領我直面身體現實

那時我老穿木屐，不愛穿鞋的束縛感，旁人肯定覺得我是個古怪的學生吧！

二十一歲的我青春正茂，但我不像多數同學那樣開始享受戀愛時光，工作之餘就一味鍛鍊身體，一心一意要在戲劇界出人頭地，此外的事物完全不在意，連自己都自認無趣。

其實我有遇過主動來告白的女生，可是每當感受到曖昧情意，我的身體瞬間僵直，腦袋一片空白。如此慌張失措，連自己都不恥，機會自然只能白白流失。至於我自己心儀的女生，越在意越害怕靠近，一樣畏首畏尾，非常窩囊。

回憶青春年華，我走的路總是偏離常人的正軌，毫無疑問地，那不是康莊大道，而是寂寞的後巷。這並非特意選擇，只是自然結果。

雖然非常努力，但我沒被讚許過有演員才華。

這所被譽為日本第一所戲劇大學的學校，以培育開創時代戲劇人才而創，設有多樣化尖端課程。舉凡日本舞踊、能劇、狂言、芭蕾、聲樂、默劇……，應有盡有。課程如此豐富，學費相對也十分昂貴，學生大多來自經濟中上家庭，很少像我這樣一窮二白的。

藝術不是靠努力就行得通，往往相反地要放下無謂的努力，以便激發自由創意。做什麼事都太過用力的我，無法像同學那樣無拘無束地發揮，各科成績都不怎麼樣。此時，童年的自卑感又一點一點浮現，逐漸陷入苦惱，又糾結扭曲成怪罪老師「根本不懂因材施教」的傲慢心態。

話說回來，在我心中確實一直有個信念，那就是，若世上存在所謂真理，那一定是人人都能理解、實踐、達標的，不管哪個領域，都絕對應該如此。無論什麼情況，這成了我研判是非成敗的前提。

我抱著解放自己的渴望投身戲劇世界，但實際進入後卻發現，這只讓自己更不自由也更自卑。

探索戲劇世界，閱讀極為重要，偏偏我有點閱讀障礙。兒時記憶裡，父母從沒教我們閱讀，我也不知閱讀為何物。說來慚愧，只有想閱讀的心比人強。我想成為一個能好好閱讀、好好寫作、好好在人前說出心中想法的人。

奇怪的是，每次吸引我翻開的書，都不是戲劇專門書刊，而是探討人事物本質的哲學類著作。書桌上堆滿這類讀到一半就因太深奧而讀不下去的書。

有一天，諾貝爾文學獎候選人安部公房老師在戲劇系課堂上說：「未來的戲劇人必須具有知性，你們可多多向音樂系的北澤方邦老師學習。」這話觸動當時一心想變聰明、知性的我，於是下課後馬上與同學一同拜訪北澤教授研究室。

北澤老師立即親切地接待我們，還熱情分享他對戲劇未來及多元文化的見解。後來，各大學請益的學生漸漸多起來，老師家儼然變成私塾了。

我此生與北澤老師深長的師生情緣，就此拉開序幕。

北澤老師專攻構造人類學、音樂社會學、科學認識論，是當時日本首屈一指的公共知識分子。他不但精通多國語言，還能演奏鋼琴、印度西塔琴，並自修瑜珈編入日常健身法，甚至為此撰寫專門書籍。他畢業於機械專科學校，根本沒上過大學，卻能無師自通，在東京大學教授尖端數學。如此多才多藝，完全是天才型學者。

老師帶領我直面身體現實問題，還開拓了我對政治、性別、新聞學等諸多領域的眼界。後來我們還創立了以北澤老師為主導的劇團，通過他廣泛的人脈，我與紐約大學 Richard Schechner 教授也結下緣分，跟他的學生一起在東京企畫、舉辦表演工作坊，透過這些活動才發現，原來自己想在戲劇世界追求的，並不是所謂的演戲，而是探究如何恢復人在社會中逐漸失去的身體感知，這樣一個現代文明面臨的重要課題之核心。

隨老師進入更廣闊的世界後，戲劇課程突然變得乏味。第三年，升上專攻學科之際，我決定主動退學。

與北澤老師的相遇，正是我開始關切身體與「食」的契機。這段因緣非常珍貴，可以說若無北澤老師，就沒有現在的我。

第四章

新勝寺斷食初體驗

那是前所未有的感受。

當時的我完全無法理解，只是沉浸在無限的自由幸福和平之中。

這意外的體驗，令我此後人生起了一百八十度轉變。

多年後，我才知道那並不是什麼神秘經驗，

單單只因為，

身體得到淨化了。

在我坐困愁城的日子裡，有一天朋友問我：「要不要去試試斷食？」

這位朋友跟我在同一所大學研修戲劇，對舞蹈很有興趣，為了成為偉大的舞者歷盡各種修行。有過斷食經驗的他，給了這個建議。完全不知斷食的我，不知為何立即被這名目給吸引馬上說要去！

那時，我與幾位要好的同學一起在居酒屋打工，在那裡學會喝酒，享受把酒言歡、高談闊論的時光。平時太過緊繃的我，喝點酒頓覺身心舒暢，不知不覺仗著打工不錯的收入，開始經常結伴出入酒場，日子過得有點放蕩無度，偶爾徹夜飲酒至天明。

漸漸地身體狀況變差了，當然也讓表演品質更加粗劣。這讓我更焦慮煩惱，而更焦慮煩惱便更想喝酒逃避。

毅然決然要去嘗試斷食，大概也是想跟這種惡性循環一刀兩斷吧？

眼前萬物閃閃發亮如雨後清晨

斷食堂位於千葉縣新勝寺。新勝寺是舉辦相撲、歌舞伎等傳統節慶儀式的知名寺院，其斷食堂還因江戶幕臣二宮尊德在此開悟而聲名遠播。

斷食堂位於寺院大門前，參加者必須有醫院健康證明書，可自由選擇時程，我選了一週斷食。斷食堂分男眾和女眾左右兩棟，室內終日陰暗，大約十名參加者在大通鋪上並排就寢。負責的法師發給每人一個大水壺，簡單說明斷食原則，即完全禁止進食，但飲水隨意不限。

新勝寺香火鼎盛，每天信徒絡繹不絕，周邊旅館櫛比鱗次，還有多間大小餐館。入夜後，流動拉麵攤的清脆鈴聲、烤地瓜的叫賣聲，此起彼落。二十六歲正值食慾旺盛，在那樣的環境中斷食實在相當煎熬。幾度半夜餓醒，想乾脆放棄，又咬牙拿起枕邊水壺，一口乾完。整夜四周不時冒出咕嚕咕嚕聲，分不清是又有人起床喝水，還是肚子在哀號？

實在餓得受不了時，可到寮房邊的水井打桶水，從頭澆下，即所謂「水行」。二月寒冬深夜的井水冷冽刺骨，不過，澆灌之後，身體卻出乎意外地瞬間變暖，心情也稍微舒坦，重回被窩，馬上就睡著了。

白天無所事事，三三兩兩坐在廊簷下曬太陽，天南地北閒聊，聊的都是食物。滑稽的是，我們穿的木屐上原本烙印著「斷食堂」三字，但「斷」字被削磨掉了，只剩「食堂」二字。想必是曾有哪位參加者想「食堂」想瘋了，因而有此「傑作」。

寺院裡聚滿鴿子，光看牠們啄食米粒豆子，也讓我們油生羨慕感動，不禁蹲在一旁流著口水仔細端詳。終於「看飽」後，則轉到寺院圖書館翻閱食譜「充飢」。

在寺院的斷食，毫無想像中僧侶修行的莊嚴肅穆，七天都熬得狼狽不堪，終於熬到最後一天早上，心情雀躍地收拾包袱，巴望著法師端來斷食後第一餐。雖然那不過是半碗白米粥配點燒味噌，但一口一口滋潤每個細胞，感覺真是生平空前好吃的一餐！

步出寺院，周邊水仙花正娉婷綻放，一片幸福的早春光景。我搭電車回東京，午後乘客稀疏，我心曠神怡，悠然眺望窗外流逝的田園風光。

剎那間，眼前萬物突然閃閃發亮，宛如雨後清晨，每片葉子上的水珠都映著晨曦熠熠生輝，那輝煌璀燦向遠方不斷延展，無邊無際。

「這究竟怎麼回事！」我回過神來，轉頭看看車廂，平常無奇的車內景觀竟也美麗別致起來，每位乘客看起來都那麼可親可愛，我心中湧現好想緊緊擁抱一切的熱情暖流。

那是前所未有的感受。當時的我完全無法理解，只是沉浸在無限的自由幸福和平之中。

這意外的體驗，令我此後人生起了一百八十度轉變。

經過更歷練的多年後，我才知道那並不是什麼神秘經驗，單單只因為，身體斷食後得到淨化了。

人人都在追求「幸福青鳥」，那青鳥也許是金錢、物質，也許是健康、自由，因人而異。多數人都以為，那青鳥棲居在自己以外的某處，我也曾經到處勞碌追逐。然而，青鳥其實存在自己生命深處，我一直看不到，是因為身體髒汙堵塞，已失去原有的感知能力。

「悟」這個字，本是「覺知我（吾）心」。透過斷食，我第一次感覺到與真正的自己相遇。

深深著迷於自然農法與正食世界

這次斷食還給我另一個新奇的邂逅。

當時有位一起斷食的同世代年輕人，帶我認識了自然農法。這農法主張「完全不耕地、不施肥，什麼都不做」，其創始者福岡正信被視為中國老子哲學的實踐者，曾獲得有「亞洲諾貝爾獎」之譽的麥格塞塞獎（Ramon Magsaysay Award），馳名全球。我深深著迷於這種農法的生命觀與世界觀。

斷食結束之後，我們約好一起去聽福岡老師的演講。當時福岡老師在年輕嬉皮圈內相當有人氣，會場來了許多嬉皮風格的年輕人，連福岡老師也是以這種風格登場。他一身僧侶出坡時穿的作務衣，留著長長的白鬍鬚，散發不食人間煙火的仙氣。

演講會上，福岡老師展示了一束以自然農法栽培的稻穗，其茁壯模樣叫人嘆為觀止。一般稻穗越豐碩越下垂，然而福岡老師的稻穗長到一公尺依然挺直，真是出類拔萃。

福岡老師的栽培法也是前所未聞。他既不做苗床，也不使用化學肥料和農藥，主張「什麼都不帶進稻田，也不帶出稻田」。他只把米混黏土做成糰子，然後把糰子撒進田裡，如此而已。

聽說當時福岡老師以自然農法超越一般農法的收穫量，真是徹頭徹尾顛覆了世間常識。

在這段因緣之下，我又接觸到老子的世界，也結識了一位出版界人士，他不僅促成福岡老師《一根稻草的革命》一書，還積極向全球推廣老子哲學。日後，我們合力在日本成立老子研究會，甚至一起參加了當年在中國舉辦的國際老子學術會議。

自然農法與老子世界，和眾生想賺更多錢、獲取更多知識資訊、享受更寬裕的生活天差地別，那是什麼都不需要也不依賴、一切託付給大自然的無為之道。「自然無為」後來成為我的座右銘。

當時福岡老師的書籍大多擺在自然食品店及餐廳。有一天，我在一家自然食品店找書，目光無意間停留在某本書，隨手翻開一讀，全身立刻猶如觸電。

書本扉頁寫道：「諸君若希望健康幸福自由的人生，不可不知『食』之奥秘！」

這段文字進入眼簾的瞬間，我直覺：「就是這個！這就是我尋尋覓覓的！」

那是一本所謂「正食」領域的書，「正食」也稱作「Macrobiotic diet」，以陰陽調和為基礎的自然飲食法。那本書是「正食」創始人櫻澤如一老師撰寫的《無雙原理・易》。書中闡述「正食」的根本思維在於理解宇宙秩序與自然法則，「正食」世界觀與自然農法相同，是以老子的陰陽論為基礎，只要理解陰陽法則，即能通曉宇宙森羅萬象。

這單純深邃的說法，讓我深深著迷。

此外，關於何謂人生？何謂人類？何謂世界？……等大哉問，書中都有直白的驚人簡答，甚且斷言，想要健康幸福的人生，則必須「攝取正確的食物」、「理解宇宙的秩序」，並且宣稱這是人人皆可行的真理。

我從小一直相信，所謂「真理」一定是最簡單的。「若真理只能為特殊人士所有，豈能公平？神明肯定不會這麼做！」幼小的心靈這麼想，也許只是一心想護衛當時笨拙又充滿挫折的自己。

終於找到自己要走的路

無論如何，民以「食」為天，由生至死一刻也離不開。不管人種之別、男女老幼及歲數之差，人類生存便必要「食」，幾乎可等同生命本身，人人都能藉由「食」獲得健康、幸福、自由。

我內心激動不已，自己莫非是為了與此書相遇才出生的？我相信循著這條「食」之道前行，我也必能獲得自由、發現真理！

五十年之後，我初心依舊，持續走在「食」的道路上，並更堅定當年的直覺無誤。正如父親的亡靈所預言：「兒子未來將從事與食物相關的工作」，只是沒想到會是以這樣的形式呈現。

難道這就是我的天命？原本以戲劇為此生職志，但發現「食」的世界之後，我知道終於找到自己未來要走的路了。

首先，最想跟母親說明報告。

當時母親獨居在郊區，還在我之前任職的公司食堂上班。我偶爾抽空回去探望，看到我，她非常高興，我也因吃到久違的家常菜而開心。但我能回去的日子都是自己的休假日，而母親卻必須上班。

週日外，母親每天都得通勤超過一個小時去上班，早上我還在睡覺，她就為我準備早餐，匆匆收拾善後又出門趕車。每次聽到她遠去的腳步聲，我胸口都隱隱作痛。母親從不依賴我，也從無抱怨，不管什麼狀況都有「自己一個人活下去」的決心。與母親相反，我一直任性地追求自我，目標一變再變，成人了還無法奉養母親。

母親幾乎不知道我的學業、工作與生活，我也不知從何說起。猜想她對這兒子的前途多少有點不安吧？當我又突然說要放棄戲劇之路，投身「食」的世界，母親什麼都沒說，只是靜靜聽著，然後「嗯、嗯」地點點頭。

母親無論如何都願意成全我「自由地過自己想過的人生」，再次默默包容我的一意孤行。

第五章

為妻兒親手蓋一個家

儘管只是在暫租的破房子裡勉強過原始生活，
她仍認真推著女兒的娃娃車，每天在山徑上快樂散步，
風雨無阻、不屈不撓。
那在我眼中，飄散著難民窮途末路的悽楚。
因為我們沒錢請工人，我決定自己蓋房子。
古時男人都是自己親手打造家園，
我想我一定也辦得到。

雖然具體還說不上要做什麼，但一種終於找對路的自在感，讓總是過度認真、僵硬嚴肅的我，第一次想要歌頌青春。

在這樣的心情下，隨朋友去小酒館，竟遇見了此生伴侶。

那家店是我和朋友們經常聚會的地方，當時還是大學生的她，正好在那裡打工。後來她跟我說，她聽到我在店裡暢談「食」的世界何等奇妙有趣，又對世界有何等重大意義，覺得我這個人滿有意思的。

我一向拙於與異性相處，老是慌張失措，然而不可思議的是，二十六歲的我在十九歲的她面前卻能自在地侃侃而談。我們就這樣開始約會，互訴未來夢想，並在交往約五年後決定結婚。她是來自愛媛縣的片上知亞季小姐。

我們情投意合，對家庭生活有一致的願景——居住鄉野、養一群孩子、過著理所當然生活的理所當然的人。

向母親報告結婚的想法，母親很為我們高興，但知亞季的父母卻不大贊成。

當時我沒有安定的工作，是個無拘無束度日的逍遙人，怎堪託付掌上明珠？知亞季一再對父母說明我們的未來計畫，父母越聽越覺得行不通，更加堅決反對。

但我們心意已決。於是，我穿上平時不穿的正式西裝，刻意強行登門拜訪，「自我推銷」。可惜我緊張忐忑、語無倫次，急著把自己要說的話說完就結束拜會了，結果可想而知。

拜訪之後，她雙親更覺得我是個不按常理行事的荒誕男子，甚至放話不准我再跨進她家門檻。這讓我頗為驚愕，但知亞季的決心毫無動搖，這對我來說真是天大的救贖。

最後，知亞季的父母拗不過她，還是不情不願地出席了朋友們為我們策畫的婚禮。他們願意出席意味著對我有些許認可，僅此我也備覺欣喜。只是，一如岳父母所擔心的，婚後我們有很長的時間都還在嘗試自食其力。

理想家景是孩子們在大自然裡玩耍

我們夫婦認真利用時間，持續前往「正食」中心學習，我學習理論，她學習烹飪，兩人志同道合，沉浸在「食」的世界，攜手朝夢想一步步前進。

我從小就為生活拚搏，所以自信沒有我跨越不過的困難，而知亞季成長於幸福家庭，一向不掛心經濟，這樣的我們對未來單純地滿懷雀躍。

我們一有空就在東京周邊鄉村尋覓理想住屋，某次聚會中，知亞季遇到一位來自福島深山的人，我們都欣賞他的言談舉止，也神往他熱愛的山林，相熟之後常到他家作客。那是位於東北地區南部，福島縣磐城市的一個深山村落，僅十幾戶人家，宛如遺世獨立。

那村子只有幾名兒童，卻有一所小小的分校，是個可以育兒的環境，距離東京搭電車約三小時，對工作來說也還行。當時日本偏鄉都很歡迎年輕人移居，漸漸跟村民熟絡起來後，我們自認也可以這樣過生活。

當地區長為我們找到一片理想土地。那在村落稍往深一點的山裡，曾是村民共同飼養農耕馬的地方，大約棒球場那麼大，但長年荒廢而成了荒野，有條清澈的溪澗流灌其間。

我們馬上愛上那裡。

我們心目中理想的家庭風景，是孩子們在大自然裡自由自在地玩耍；另外，就是要和家人一起探索與實踐「食」的真諦。

我搬到東京二十年，感覺自己已在都市中悶得有點體弱力衰了，正渴望重回大自然，找回自己原本的活力。但眼前的現實是，我們得先賺到買地的資金。

正巧朋友邀我跟他一起在超市賣年糕。我最愛吃年糕，還打過搗年糕的零工，就這樣投入賣年糕大約半年，買地的錢終於有點眉目，離夢想家園又近一步了。

這時，知亞季懷孕了。以「透過飲食管理自身健康」的生活方式為目標的我們，決定不借助醫生或助產士之力，夫婦倆要親自接生孩子。當我告訴母親這計畫，母親驚詫一下後就接受了，畢竟她已習慣我總不按牌理出牌。但岳父母那邊，我們決定靜待時機，日後再向他們報告，免得徒增擔憂。

在新居完成前，我們先離開東京市區的公寓，搬到郊外母親家，決定在那裡迎接孩子。

相信人天生能像動物般自行分娩

當時東京有家「分娩學校」，提供有意在家分娩的人學習，我們倆定期去上課。很感恩能認識那裡的助產士，她們充滿將傳統分娩方式傳承下去的熱誠，不畏與時代逆行，大力推崇自然生產。記得個體發生學專家三木茂老師從科學角度詳細解析受精卵、胚胎、妊娠、分娩，對身為男性的我來說，全是聞所未聞的知識，既神秘又叫人敬畏、感動。

學習越多反而壓力越大，對知亞季來說，簡直是拿孩子和自己性命作賭注。

儘管如此，我們仍選擇相信，只要飲食正確就絕對有健康的母體，人必然天生能像其他動物那樣，自行平安分娩。這莫名堅定的信念是我們面對生產唯一的支持。

我們每天都正面迎戰。她隨時注意自己管理自己的身體與情緒，確切實踐所學，還詳記日記。我也每天陪她散步，精神抖擻。

臨近預產期，母親為了不打擾我們，決定搬到福岡的妹妹家暫住。我們也因不用讓母親擔心而鬆了一口氣。

開始陣痛的早上，我迅速著手準備，並如常整理打掃家裡。為防自己一緊張方寸大亂，我把所有注意事項逐一用萬能筆大大寫在月曆背面，放在知亞季身旁，同時燒開分娩用的熱水。知亞季看到我穿著圍裙、捲起袖子、頭上綁著日本薄手巾，好一副「男產婆」裝扮，不禁噗哧笑了。

入夜後，陣痛間距漸漸縮短，感覺孩子快要出生了，緊張時刻越來越近，終於迎來那個瞬間，知亞季的氣息隨著陣痛起伏，如同我們上課所學，嬰兒緩緩扭轉著身子出來了。

我極度緊張地用雙手接住嬰兒的頭，最擔心臍帶纏繞，所幸只是多慮。最後，知亞季深吸一口氣再放鬆力氣的瞬間，嬰兒順利出生、馬上發出元氣飽滿的哭聲了。

不過，我驚魂甫定後仔細端詳這初相見的女兒，與我想像的紅嬰兒差異未免太大，她全身青紫，滿臉滿身都是胎脂，看起來宛如詭異的外星怪物。我笨手笨腳剪下臍帶後，把女兒抱到知亞季胸前，她哇哇哇不知在說什麼，原來是哭了，我聽著也喜極而泣。

第一次親眼目睹女性作為生物的神奇時刻，我被深深撼動了，同時，對女性的堅忍強韌由衷佩服，女性太偉大！母親太偉大！

後來，知亞季將分娩經驗寫成《想要自然分娩》一書（地湧社，一九九四），聽說至今依然有許多希望自然分娩的年輕世代閱讀這本書，真是欣慰。

此次生產成功的經驗，讓我們夫婦倆對「食」之道更具信心，對往後共同為「食」的志業奮鬥的人生旅途來說，這無疑是第一塊穩固的踏腳石。

為自己蓋房子開始木匠學徒生涯

在我們開始鄉下生活之前，女兒出生了，可是，我們心心念念的土地，還有繁縟的法律手續未完，除了等待，別無他法。

就算買到土地，總得有房子住，房子的資金怎麼辦？答案很簡單。房子大半貴在人工成本，如果自己蓋，則可省下這筆費用，取得舊材料就能低價完成。

古代的男人都是自己親手打造家園，想必他們跟我一樣沒金錢、沒知識、沒技術。古代男人辦得到的事，我沒理由辦不到，就跟女人自然分娩一樣——異想天開的我又現身了。但這念頭也並非毫無根據。我父親本是巧匠，而我在職訓所也學習了各種技術，我想不過就是蓋棟房子，難不倒我！

聽說當地村民有位親戚是木匠，我便情商讓我去見習，幸運地在木匠家附近租到房間，很快開始學徒生涯。起初工作內容的大半是幫師傅清掃打雜，後來師傅熱心傳授知識經驗，我拚命記筆記。學習過程中，我重新意識到自己果然是個喜歡手作的人。學著學著就沉迷在木工世界中。

實習了半年左右，總算有點概念，不過，仍在很粗淺的程度。期間，終於收到通知，順利買下了土地。

房子建好之前，我們先在村裡租了一間廢棄的老屋，雖然雨天會漏水、冬天屋內水桶會結冰，得用膠帶勉強封住破縫隙，但總算一家三口團圓，我感到幸福滿溢。

我們的水源是屋外的水井，有別於東京的自來水，屬天然山泉，滋味清甜。下廚有瓦斯桶可用，但也擺了小柴爐，盡可能燒柴節省開銷。在如此簡陋的廚房裡，望著知亞季揹嬰兒下廚的身影，宛若走進古早農村電影的情節。

浴室在屋外，下雨或下雪的寒夜，我們常抱著孩子衝到屋外，直接跳入浴缸。三人一起泡澡的時光，猶如置身天堂。家門前有塊小小菜圃，我們邊學邊種，每種收成都鮮美可口，讓我們真心讚嘆鄉村自然生活的豐裕。

儘管只是在破房子裡，勉強過著能吃喝拉撒睡的原始生活，知亞季仍認真過得有模有樣，她每天必定推著女兒的娃娃車，在古木參天的無人山徑上快樂散步，風雨無阻、不屈不撓。

然而，那景象在我這一家之主眼中，一點也不浪漫，反而飄散著難民窮途末路的悽楚。我感到愧對母女倆，決心要更努力讓她們過好一點的日子，而此時的知亞季已全然蛻變為一位頂天立地的偉大母親了。

妻子在兩歲女兒陪伴下獨自在家生下兒子

長女果遊大約兩歲時，我們迎來第二胎。這一次可進一步實現在自然生活中分娩，這間破房子不用說就是我們的產房。

那段時期，我偶爾前往東京打工賺錢，也在姊姊們經營的蔬果店幫忙，同時繼續進修「食」的知識。由於是第二次生產，明知臨盆在即，我也胸有成竹，認為應該沒那麼快，一切沒問題。

那天知亞季來電說感覺快要生了，我於是在工作結束後，半夜開車回家，車程要三小時以上。我依然認為應該趕得及。將近黎明時，終於到家。急忙下車、奔入屋內。哪知知亞季已在兩歲長女陪伴下，獨自生下了長子。

我不住地道歉，覺得知亞季再怎麼責備抱怨，都不能消減我的過錯。沒想到知亞季竟然只用異常平靜的聲調說：「是個男孩喔！」還重複說了好幾次：「果遊也在旁幫忙呢！」這次絕對是母、女、子三人一起合力完成的美好生產。

她就這樣靜靜地溫柔地包容了毫無貢獻的我。後來我才知道，她打從一開始就不想依賴前往東京工作的我，早做好一個人獨力分娩的準備。

剛出生的長子，在知亞季身旁甜甜酣睡。此情此景讓我頓時淚流不止，那是對知亞季抱歉的淚，也是對平安出生的兒子感激的淚。我再次深深體會，男人在「分娩」之際是多麼沒用。

第一次幫朋友進行半斷食自然療法

雖說鄉下日子花費不大，但畢竟家裡已有兩個小孩要養，真不能再隨興打工，必須開始認真工作賺錢。我絞盡腦汁想到，何不為病患提供住宿、以飲食療養疾病？然而，誰願意花錢來這種地方住破屋？冷靜細思，實在是天馬行空的妄想，不過，只要有一絲絲可行，何不放手一搏？

我尋思著，腦裡驀然浮現一位從前在東京一起打工的朋友，聽說他最近得了胃潰瘍，已住進東京一家大醫院，準備幾天後手術。我前往醫院苦口婆心勸他：「胃潰瘍手術很辛苦，術後還會痛很久，要不要考慮來我家進行飲食自然療法？」

按常理思考，這樣的輕舉妄動不只荒唐，而且還把朋友和我們家全推進高風險區，哪知幾天後，那位朋友竟然決定相信我的話，帶著行李直接住到我們家來了。也許是和他一起工作時，我就不時對他熱心宣揚飲食健康法的美妙，他想就姑且一試吧！

就從朋友來的那天，我開始邊實踐邊構思一套以「半斷食」來治療疾病的體質改善法。一名教練、一名學生，一對一教學。菜單是一日一餐，一碗撒上芝麻鹽的糙米飯、一碗味噌湯、兩片醃蘿蔔、一個梅干，一天僅僅兩杯茶，樸素之至。但每一口必須徹底咀嚼兩百下。

我陪著他，兩個人在七天內超嚴格地這樣執行。

如果說課程還包括其它內容，那不過是分享我自身的「食」之經驗談，每天陪伴長程健行，以及傍晚的村落閒逛。以這樣的課程內容收取費用，想來實在荒謬，但我也沒多想，一心一意相信這樣可以治癒他的病，只要能幫他找回健康，其餘都是次要的。他感受到我的滿腔熱情，也認真地緊緊追隨著我。

第五天清早，他一個人出門散步。散步歸來時，他謹慎地捧著一包以樹葉包裹、上頭飾以一朵可愛野花的東西。他像挖到寶一般，滿臉欣喜地對我展秀那包東西，哈哈大笑說：「宿便排出來了！」那是剛剛排出的深黑色宿便。兩個大男人於是為一坨大便高興得又叫又跳，完全忘了知亞季和孩子們正在一旁吃早餐。

七天後，朋友神清氣爽地回家去，不久他聯絡我說，醫院檢查報告顯示，他的胃潰瘍已完全治癒。這給我很大的鼓舞，更堅定要走「半斷食」這樣一條可以助人回復健康快樂的路。

大約又過兩年，知亞季又懷孕了，正所謂「貧苦、窮忙、子女多」。這麼一來，租賃的破屋實在不夠住了，我不得不硬起頭皮，決心在我們的土地上、把我們的家蓋起來！

在新居迎接新年和全新的生活

蓋房子的錢不知道在哪裡，但在腦袋裡擘畫完美住宅不用錢，每晚哄孩子入睡後，我們夫婦倆就熱絡討論自力造屋計畫。一個月後，完成了大約三十坪的木屋設計圖，我們都很樂。

一般木匠至少得五年才能出師造屋，我僅僅當半年學徒就想建築理想家園，真是天方夜譚，但沒辦法，我們實在沒錢也沒時間等待，只能單憑憨膽往前衝。

我決定到周邊城鎮回收解體屋材料，幸運的話可免費取得，這樣最省錢。我每天帶著糙米便當前往工地。廢棄幾十年的荒野，雜木芒草橫生，第一步得先整地開墾。我的工具只有鏟子和小電鋸，必須徒手將樹木一棵棵連根拔起，工程比想像中更費力。

更棘手的問題是，不管多小的房子都不可能只靠木作，從打地基開始，就不得不考慮水電配置、水泥油漆鐵工等等工程，樣樣生疏，完全不知從何下手。所以，一聽說有水電工匠或泥水匠進村，我就趕緊去觀摩請教，就這樣光憑一招半式，學到哪蓋到哪。

其中最傷腦筋的是掘井。該挖哪、怎麼挖，一竅不通，逕自憑直覺瞎猜，拿起鏟子便挖。表面鬆軟還好挖，挖越深越困難，因為都挖到堅硬的岩盤了，使勁舉鏟猛敲，有時還冒出了火花，奮力連挖一小時，也只挖了三、五公分而已。挖出來的泥土鏟入桶內，用拉繩一桶一桶拉上地面。這麼費力的粗活，只能靠懷著第三胎且臨盆在即的知亞季一人承擔，讓孕婦做如此粗重的工作，我實在是個無腦莽夫，而自告奮勇要幫忙的她，也真是太瘋狂了。

我從早到晚潛入土洞裡不停挖掘，就在我懷疑沒挖對地點、打算放棄重來時，岩盤縫隙一點一點滲出水來了！我想，挖到黃金鑽石大概就跟這一樣興奮吧？

我整整用了一星期，弄壞三把鐵鏟，終於挖了一口八公尺深的井。過程間萬一有落石，以那高度必造成重傷，而我連頭盔都沒戴，竟然平安完工！

我一心想為家人蓋房子而渾然忘我，什麼都不怕。整個工程大概都是這樣，憑感覺獨力摸索，前後共耗費一年半，終於在一個白雪紛飛的耶誕節搬家，在我們的新居迎接新年和全新的家庭生活。

我從蓋房子學到的是，天下無難事，只怕有心人。新居落成後，我感覺那種在城市流失的、從小相信自己無論到哪都有辦法生存的豪情氣魄，似乎又回到我身上了。

◀通往橋本家的林間小路

▲ 位於舊宅旁的小木屋，是橋本先生練習自力造屋的第一個成品，曾用作工具間及書房，也是後來嘗試斷食一個月的關房。

▲ 四十年前赤手空拳打造的磐城山居舊宅，不但是五名子女安心成長的家園，後來也成了正食志業的基地。（前方白色主屋為自宅，其右側建物為後來加蓋的學員宿舍，其後方是小倉庫）

▲ 年少經歷許多磨難與挑戰，一度想成為演員，最終確定走向飲食教育之路。

▶ 上：唯一的全家福照片（攝於國中一年級、父親過世前一年）

▶ 下：國中畢業後考進有建教合作且附宿舍的公司，開始就業，全家因此不再寄人籬下。

クリ

▲ 上：年輕時受自然農法大師福岡正信（左）啟發，更堅定以「食育」為畢生志業。

▲ 下：恩師久司道夫（右）長期以美國為據點推廣「正食」，曾邀請橋本先生赴美參加飲食國際會議。

▶ 婚後搬到福島磐城深山中，跟著木匠學習、自修，與妻子知亞季一起打造自給自足五口之家。

▲ 遠赴澳洲、愛爾蘭、西班牙等地，開辦半斷食課程，體會到「食」的課題不分國界。

◀ 上：課程包含以腳做全身按摩，由學員兩兩輪流從肩部到腳底踩踏按摩。

◀ 下：磐城舊宅加蓋出來的學員宿舍，也成了社區藝文活動中心。

フクシマ・ハウス
FUKUSHIMA
マクロビアン

▲ 2023 年攝於福島磐城森林裡的舊宅，橋本先生坐在當年獨自閉關斷食三十日的小木屋前。

▶ 順時針方向：橋本先生腳邊是年輕時徒手開挖的八公尺深水井、自宅廚房、重新整修後的學員宿舍二樓臥室、學員宿舍及陽台迴廊、自製的門牌。

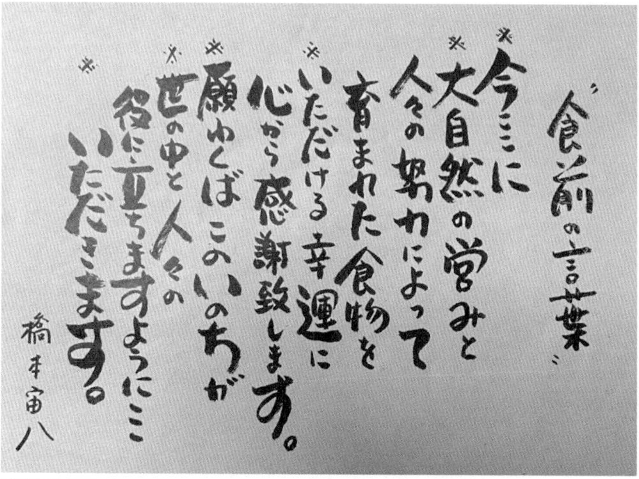

▲ 上：橋本家自創的餐前感謝詞，後來沿用到半斷食課程中。

▲ 下：課程期間一天唯一的一餐，份量約一般成人份的四分之一，強調每口咀嚼至少兩百下。

◀ 食用自然栽種的植物蔬果，等於在自己的生命中重現自然的世界。

▲ 除了少吃、多咀嚼，半斷食課程包含了大量的運動，除了清晨七點的早操、下午的瑜珈課外，還有每日十三公里的健行。

▶ 上：半斷食課程料理由橋本太太設計執行，常以當地當令食材花草入菜。用餐須遵守完全靜默、每口咀嚼兩百下的規定。

▶ 下：橋本先生帶領小型課程，與學員討論飲食真諦。

▲ 上：311 震災後，搬離福島磐城山上，直到近年在京都郊區覓得一處超過百年的老宅，重新安家辦課程。

▲ 下：2019 年橋本夫婦受邀到中國開課，攝於揚州蔚圃。

第六章

我們家的「正食」小事業

四十年前的日本大眾普遍沒健康飲食意識，
要藉「食」的教育工作維生大不容易。
隨著我在市區持續辦演講，
想到深山拜訪我們家的人多了起來，
還有人主動要求來我們家寄宿療養，
大批客人不嫌棄狹小寒舍，不斷湧進，
經常連走廊、廚房都睡滿了人。

把家安頓好以後，接下來的課題是，必須更深入研究及實踐「食」，並設法以此為事業安身立命。

四十年前的日本，大眾普遍沒有健康飲食的意識。雖然都市裡有幾家自然食品店，但生意清冷，提供素食、糙米飯的餐廳也乏人問津。與「食」相關的教育工作，僅止於烹飪教學和少數健康講座，要藉此維生大不容易。

想來想去，我決定向外宣稱自己是專門教授「正食」的老師，看能不能號召人付費來聽飲食講座。但這在東北偏鄉，根本行不通。於是，我決定先在市區租個可容納百人的會場試辦看看。

從佈置會場、做宣傳海報到刊登報紙免費廣告，我一人包辦。翹首企盼聽眾滿堂的那一天到來，全場卻只有七位聽眾。面對這殘酷的現實，我仍傾盡熱情，娓娓道來。那是我第一次在公開場合連續講話兩個小時。說不上有任何演講技巧，我只是誠心誠意地說明飲食如何重要，很慶幸地，熱忱似乎有傳達出去，聽眾的反應都不錯。

汗流浹背地完成演講後，我與這幾位聽眾約好，往後每月將定期舉辦一次健康講座，歡迎他們再來一起切磋成長。我就這樣跟自己宣告：「從今天開始，我就是正式的『正食』老師！」不管別人是否認可，自己決心這樣自我認可。

那時家裡已有四個孩子，每日光伙食雜費就是一筆數目。我盡力舉辦演講、教授烹飪，知亞季寫書賣書，兼售天然手作食品、家常小菜，夫婦倆同心協力為養家勤奮工作。

所幸，我每回演講都會多找到一、兩名學員，大約兩年後，固定學員已增至三十名左右。儘管收入依舊微薄，但經濟總算是稍微穩定下來。

我既無烹飪證照也不懂料理技巧，卻還是厚著臉皮教導烹飪。我常在演講前一日才琢磨好食譜，第二天就以一副老練的姿態趕鴨子上架，實在是厚顏又胡鬧的老師，還好因為知道食物的原理，課程都順利完成，從不曾出包出糗。可能是課程內容都是我最關心的「食」的問題，我才得以懷抱著絕對的信心吧？

演講會當日，知亞季會為大家做糙米蔬食便當，當時已上國中的長女也會幫忙製作糙米粥和麵包，樣樣都大受歡迎，拿去自然食品商店寄售，也是迅速銷售一空。

總之，至此我們家的「正食」小事業，總算漸漸初具雛型了，全家人每天都幹勁十足。

我們家幾乎成了熱絡的養生沙龍

隨著我在市區持續舉辦演講，想到深山拜訪我們家的人漸漸多了起來，還有人主動要求來我們家小住，以便接受飲食調教、療養身心。不知不覺間，我們家幾乎變成了一個熱絡的健康養生沙龍，還時有客人來共同生活。

我們為訪客提供健康諮詢、準備餐飲、打掃、燒洗澡水……，此外還要照顧四個小孩，而原本山居生活的日常勞務已多到不行。無論烹飪、洗澡、暖氣，木柴都不可或缺，每年將入冬，我們就全家總動員到山裡撿木柴，收集回來還得用電鋸或斧頭劈開。砍柴、割草、修路，這些體力活都落在身為男人的我肩頭上。夫婦倆從一早睜開眼就片刻不得閒，一直忙碌到夜晚上了床才能歇口氣。

當時，我們家還養了一條狗和幾隻貓，還有兔子、小馬、雞，都虧孩子們幫忙準備飼料照顧這些動物。一群人與一群動物就這樣渾然打成一片，自然地在山林裡共生共存。

我始終相信，人生須知的一切，全在日常生活之中。只要是有助於好好生活的事，不管多麼艱難、麻煩，我們絕不敷衍了事，因為，生存重要的智慧與技能全在其中。我們一家大小都樂在家事勞動中，真心享受那引領我們成長的豐盛時光。

這樣的生活挑戰也讓知亞季的廚藝突飛猛進，她總能在短時間內就做出滿桌好菜，讓一大群人都吃得歡喜滿足；此外，她對應接小孩訪客也特別上手，總能很快就讓孩子們開心自在地跟著她跑。

那時有位住在同一村落的年輕母親，前來請教母乳不足的問題。知亞季正好相反，幾乎每天都母乳過剩，她於是一手抱自己的孩子，一手抱別人家的孩子，同時哺乳起來。知亞季讓我驚詫不已又肅然起敬，她已悄悄搖身變作一名強韌可靠的神力女超人了！

除講座與健康諮詢，我構思各種充分利用我家自然環境的活動，希望招徠更多學員到訪。因而有了春天的「野草品嘗會」、夏天的山溪泛舟泛遊、山泉冷麵野餐、小朋友打西瓜會……，同時也邀請專業人士來辦演奏會、野外劇場、電影欣賞。這些回歸山林、享受四季節令的活動，非常受到城市年輕夫婦的小家庭歡迎。

入夜後，大家圍在篝火邊聊育兒經，對獨自在偏僻山林裡養兒育女的我們來說，是非常享受的時光。我們家的小孩也總跟到訪的孩子們玩得不亦樂乎。最盛時期，曾經有超過百名訪客從東京租巴士一起前來。看到村裡出現一輛輛巴士，村裡耆老高興地說，真高興他臨終前還能親眼目睹村子恢復生氣蓬勃的景象。

當時我們家只有一棟主屋，大批客人卻毫不嫌棄，不斷湧進狹小寒舍。我們的房間當然完全不夠用，所以經常連走廊、廚房都睡滿了人。

剛開始住到鄉下時，我曾擔心在偏鄉僻壤成長，孩子們與人接觸的機會變少，豈料我是多慮了，我家孩子竟比一般孩子更常被眾人圍繞著成長。

我們也積極地參與各地「食」界前輩們舉辦的健康學園，眾多家庭聚在一起幾天，熱鬧哄哄地邊玩邊學。在這些活動中，有幸與更多人結下善緣，得到許多寶貴的成長機會。

癌症患者深夜排出的宿便

親眼目睹過許多人透過飲食療法轉變身心，這些經驗對我來說都非常珍貴。

朋友介紹一位法國男性到我們家。他因喜歡柔道而定居日本，之後與日本女性結婚。黑帶四段的他，擁有柔道家的體格、身材魁梧。他太太罹患乳癌，期待以飲食療法改善病況。因此，他們帶著兩名學齡前幼兒，一家四口住進我們家。

當時我們還沒新建客房，只有一棟主屋，空間很有限，但他們再三誠懇拜託，我們決定讓出主臥室給他們。他和兩名孩子與我們一起用餐，他的妻子則開始半斷食療法，很快地出現各種強烈排毒現象。

一般來說，女性常攝取過多含有牛奶、奶油、乳酪等乳製品的甜點，這種飲食傾向易引發焦慮、不安、悲傷、寂寞等情緒，也是導致乳癌的原因。有些人開始排毒時會突然很想哭、躲在房裡不想與人交談，一旦排毒結束，情緒則隨之消失。

這位太太氣質嫻雅文靜，看起來是很典型的日本淑女，可是，幾天後出現上述自閉症狀，神情顯然落寞沮喪。兩星期後的某一天，她猝然抓狂，對著丈夫吼叫：「我受夠了！不想進行下去了！」甚至持刀襲擊。

一般而言，這類粗暴言行比較常見於過量攝取動物肉品的男性，他太太的反應讓我們都吃了一驚。醫學已證實攝取過多甜點可能引起慢性高血糖狀態，胰臟自然更加分泌胰島素來抑制，又導致興奮性激素湧出，結果就可能出現暴力、憤怒等症狀。

還好先生不愧是柔道四段的強者，他總能冷靜應對，完美處理。

最初體內毒素以氣體、液體等形式排出，到最後排出宿便才算結束排毒現象。

自古以來，東洋即有「宿便乃萬病之源」之說，排除宿便對任何疾病的治療都是關鍵。所謂宿便，不只是腸內滯留糞便，更包括細胞和臟器內的所有宿毒。

指導者非常在意患者的宿便何時排出，有時要排出深層宿便非常痛苦，加上重病會變得更為緊張。我會一一拍照記錄，檢視宿便樣態，藉此預測病人後續情況。

暴力事件過後幾天，我暗自期待的宿便終於在深夜排出。她先生立即來報告，我和知亞季高興得趕去確認。一進房間，臭氣薰天，讓知亞季聞了整晚失眠。

翌日清晨，我們悄悄到房間觀望。她正端坐在廊上，靜靜望著我們家小孩掛在屋簷上的晴天娃娃，輕輕哼唱起：「晴天娃娃，晴天娃娃，明天請帶來好天氣……」，與之前猙獰的模樣，簡直判若兩人。

離開時，她覺得身心都舒服許多，我們沒追蹤她的情況，不太清楚後來如何，只聽說他們夫婦仍認真地持續飲食療法。

用豆腐蔬菜療癒車禍重傷

我也遇過一個車禍重傷個案。

那是我的一位老朋友，開車撞上電線桿，身受重傷，被救護車送往醫院，醫生說必須立即手術，他的太太不同意，連絡我說想到我家進行自然療法，原來他平時已跟太太說了，萬一自己有傷病則拜託我治療。

他太太是美國人，夫婦倆長年也是自然療法的實踐者。雖然很欣慰得到他如此信任，但這麼重的傷，單靠飲食自然療法行嗎？我不免猶豫。我有不少治療輕傷的經驗，但對重傷可沒把握，於是決定先詳細了解傷勢再做考慮。

他太太說，他正面撞向電線桿，顱骨兩側有凹陷性骨折。我一聽發愁了，就算接受請求，我也不可能去醫院進行自然療法，若送回家，她可能說服醫生允准出院嗎？

她堅決對醫生聲明：「一切後果由我承擔！」既然如此，無論如何我都必須放手一搏。我隨即飛奔跳上特急電車，花了五個小時總算抵達他家。

頭部纏著紗布的他，意識矇矓。為了止血，必須將內部積血吸出，我以豆腐徹底冰敷受傷部位，也消解頭部的燒熱。此外，我想以食療幫助排出宿便，可能因而恢復意識。我把脫脂棉捲在筷子上、沾點梅醬，一點一點讓他含在嘴裡舔。很慶幸宿便比預期更快排出，他隨即清醒，發現自己頭上包著紗布，一時不知發生什麼事。

終於翻越一座險山，但未完全脫離險境。我繼續以豆腐和蔬菜冷敷，總共用了三百多塊豆腐。

期間，警察上門探視，估計是接到醫院報告，懷疑有違反醫師法的行為，然而，看到我所做的根本稱不上醫療行為，觀望一下就愕然離開。

十天過後，他順利恢復到能獨自騎腳踏車了，這對他、他太太，以及對一起照顧他的夥伴和我而言，都是很幸運的事。事後回想，不僅是他，我也賭上性命去做治療。

他太太每天以日記加照片紀錄治療過程，後來登在我發行的月刊上。

多數人不相信食物可以治外傷，然而以食療觀點，受傷的原因不一定只是外部問題，甚至可以說，更多情況是當事者內臟痼疾的外顯。經常莫名受傷的人應預先警覺到體內可能有問題。

那之後，我還治過幾次重傷，不過，都沒比這位朋友嚴重。當然也因為，現代外科手術日新月異，除了自己家人，我也不想鋌而走險接案。

這案例能這樣成功，還得歸功於多個機緣巧合的加持。首先，他們夫婦長年熱情實踐自然飲食養生，對此本具信心；其次，當時他很年輕，生命力還很旺盛吧！

這次經驗讓我再次見識到，人體內真的隱藏著不可思議的自我療癒力。

白血病男孩的出血排毒

櫻澤如一曾說：「沒有技術，則原理無用；沒有原理，則技術空洞。」意思是，實行飲食療法時，理解原理與熟練技術相輔相成。

我希望藉經驗進一步研究原理，然後切實提升技術。抱著這樣的念頭之後，各種機緣竟出現眼前。慢性甲狀腺腫大的小孩、思覺失調症的青年、癌症病患……，漸次從四面八方來到我們家。

透過村民介紹，一位母親帶著患白血病的六歲小男孩來到。男孩已長期住院治療，但病況持續惡化。初次見面時，小男孩的臉因藥物而脹得圓腫，也就是俗稱的滿月臉，看了叫人心疼。當時我們家還有其他患上同樣疾病的小孩與母親，因此她覺得可以放心獨留孩子在這裡，跟我約好有必要時會馬上趕過來。

因為有年齡相近的小孩，這位小男孩很放鬆地融入，每天在自然環境中自由玩耍。知亞季配合小孩的喜好，為他烹調有助治療症狀的料理，他胃口還不錯。

我仔細觀察著他，也留意他的排毒現象。大約過了十天的某個傍晚，小男孩開始流鼻血。普通流鼻血只要吃些芝麻鹽，很快即可止血，白血病患者常有難以止血的問題，雖血量不大，但若時間拉長，也有嚴重貧血的危險。

鼻血積在喉嚨深處，小男孩最初吐出幾口，後來變成吐不出來。萬一出血量增加，血液凝固、阻塞氣道，則情況不妙。我從身後抱住小男孩，用筷子捲衛生紙吸拭他口鼻中的血液，沾血的衛生紙頃刻就積了一大堆。我從未經歷過這樣的排毒現象，老實說，當下我開始有點擔憂，所幸那小男孩不慌亂也沒哭鬧，只是平靜地任我為他拭血，還說想去尿尿，甚至喊肚子餓了。小男孩坐在小尿桶上，一邊流鼻血、一邊津津有味地吃著我們特製的「糙米粥麵包」。這款麵包除了糙米，還加入大量各色蔬菜。

我因此進一步確認這是一種好轉反應，但傍晚開始的出血，雖血量慢慢減少，一直到晚上仍未完全止住，我實在不能放心。

面對這種極端症狀，止血法除芝麻鹽外，還有傳統漢方「血餘炭」。

自古頭髮亦稱「血餘」，意思是，血衰則髮枯，髮乃血之餘。血餘炭是用素燒壺長時間炭化健康者的頭髮，再研磨成粉，用糯米紙包裝，以備飲用。我日常收集我們家小孩剪下的頭髮，準備了一些血餘炭。

於是我決定試用血餘炭。我讓他分兩次喝，每次一小匙，再靜觀其變。很高興當晚不但順利止血，小男孩坐在尿桶上還一邊排尿一邊排便，排出極惡臭的宿便，我一看，頓時放下心中巨石。

深夜時分，小男孩累得在我懷裡閉上雙眼睡著了，我馬上連絡他母親。母親飛車趕到，一進門看到我抱著小男孩，旁邊有一堆沾血的衛生紙，她立即嘔吐、崩潰倒地。她表示要帶孩子回醫院輸血、檢查，便帶著孩子離開了。

幾天過後，她收到醫院的檢查報告，小男孩的白血球數值奇蹟似地回復正常，醫生想不透原因究竟為何。

原因不過是那十天中，我精挑細選對他身體有益的食材，用心烹調，讓他歡歡喜喜吃下，如此而已，其餘靠的都是小男孩自己身體的力量。莫小看六歲小孩，他們內在一樣有無比強大的天然療癒力。

櫻澤如一也曾說：「若非以飲食治癒千人的病，我將不知何謂『食』、何謂人的生命。」當初讀到這段話時，我想也要效法實踐，以幫助千人療癒為目標，沒想到在不知不覺中，我已透過「食」與近萬人結緣。

「陰陽一日，食養三年，無雙原理乃畢生！」櫻澤如一這話直指，一天即可學會辨識食物陰陽性質，但靠食物回復原本健康要三年，而通達此唯一真理，則須用畢生去參透。確實，我自覺長久親身實踐正食以來，擁有相當健康的身體，然而，在治病方面，雖然人數成千上萬，可是到底有多少是徹底根治？我不敢斷言。

櫻澤如一說過：「疾病可治好，病人治不好。」我感同身受。改善疾病的症狀不難，但改變病人則相當困難。畢竟，飲食療法直接碰觸到人類最根本、最深切的慾望——食慾。要修正一個人導致疾病的錯誤食慾，還得改變那背後的價值觀與世界觀。這談何容易？

年過古稀，更明白老師說的「無雙原理乃畢生」，「食」之道越探究越深廣，似永無止境，至今我不過像是剛學步的幼稚孩童吧！

第七章

一切學習盡在日常生活中

住在杳無人煙的深山，
又靠自力分娩、不吃藥、不看醫生，
這生活方式在一般人眼裡有點驚世駭俗，
但對我們來說卻很平常，
不過是與大自然共生共存的最低基礎。
我們活在自家小小世界中，
不自覺忘了自己可能被隔絕在紅塵邊緣。

長子出生兩年後，次女在新家出生了。

當時我正在照顧突然生病的鄰居小孩，比起自己家即將到來的新生兒，我更忙於處理鄰居的孩子。對此，知亞季也微笑默許，一來她很尊重我的工作，二來她對分娩充滿自信，游刃有餘。不過，這次我有在旁守候出生的關鍵瞬間。次女順利出生，堪稱完美的安產。

這樣出生的次女，後來也長成了很懂得享受生活、快樂的姑娘。次女讓我對「出生方式是成長方式的微妙象徵」若有所悟，也讓我更加確信，盡可能在母子都感到安心自在的環境中分娩，對生命的發展極為重要。

胎兒知道母親身心發生的一切

若問我們家的生產與別人家有何不同，那就是，在昨天今天明天持續不變的生活中，家裡突然多一名新生兒，如此稀鬆平常。

而我們的下一個孩子、三女誕生時，我們家正有多名病人來長期寄住。照顧這幾位病人比照顧家人耗時費力許多，知亞季也得一邊養育孩子、一邊照顧病人的生活飲食起居，體力常在透支狀態。

會來到我們家的病人大多是藥石罔效的重症患者，照顧他們往往還得處理他們的種種幽暗心緒，壓力極為沉重。當然，這也給知亞季造成很大的負擔。在這樣的狀況下熬過整個妊娠期而出生的三女，相對於兄姊們，自幼心靈就非常敏感、纖細。

當時，母親與我們同住，總是默默在旁幫忙，其他同住訪客也關切孩子的出生。就在我、母親、六歲長女、四歲長男、兩歲次女，還有多名同住者的守護下，三女平安出生。她的臉龐晶瑩剔透，神情安詳寧靜，我一看直覺得宛如觀音菩薩翩然降臨。但三女與生俱有一些其他孩子沒有的問題，例如經常為不明原因的頭痛與暈眩所苦。

這究竟是為什麼？嘗試以各種飲食調養之餘，我們長年觀察尋思，認為最可能的原因是，知亞季孕期內身心壓力過大。還好三女平安長大成人，已靠自己的努力克服過來，與生俱來的困難更培育出她獨特的靈敏溫柔。

多年前有一本名為《胎兒革命——胎兒什麼都知道》的書，以科學觀點闡述，胎兒其實知道母親身心中發生的一切。自古以來，東洋傳統就很看重「胎教」，現代人恐怕都低估了孕期對新生兒人生的影響。從三女的誕生，我們又學到一課。

我們的最後一個孩子出生時，知亞季再度經歷了與長子出生時一樣的獨自分娩。

由於對預產期有一定程度的掌握，我還是按計畫帶八歲的長女和六歲的長男到美國參加兩星期的「正食」會議。

盡早讓孩子到國外見識，是我從以前就有的夢想，不過，後來想想，這對稚齡的孩子來說其實為時過早。一如往常，我是個太過急進的父親、太過粗心的丈夫。就這樣，當我們出遠門時，第五個孩子、次男出生了，我再度缺席，讓知亞季獨自承擔一切。

結束旅程回到家中，家裡又多了一名孩子。面對再次原諒我這個無用丈夫的知亞季和孩子，我充滿歉意與謝意。

在這樣的狀況下出生的次子，比誰都不受父親干涉。他總有兄姊守護照顧，每天在大自然裡盡情玩耍，彷彿天生天養，父母不勞操煩到都忘記他是怎樣長大的。

很巧地，我們兩個兒子都由知亞季獨自分娩，我剛好都不在家。這究竟有什麼深義？是大自然特別期許男孩勇敢獨立、好長成強韌男子的一種試煉嗎？

知亞季再次獨自面對生產，進入我完全無法理解的生命體驗，成了我望塵莫及的堅強偉大的生命典型。

與北海道阿伊努族產婆一期一會

為了在家分娩，我們勤做功課，大量閱讀相關書籍，包括日本山地原住民「山窩族」、北海道阿伊努族的生產經驗知識。期間，知亞季特別心儀阿伊努產婆青木愛子女士（俗稱愛子婆婆）口述著作《傳承的智慧》，甚至渴望去拜見求教。

那是我們迎接第五名孩子後不久的時候，知亞季經歷了特殊的分娩體驗，無人能分享那份感動，所以很希望能和愛子婆婆聊一聊吧？我也極有興趣，所以鼓勵知亞季給愛子婆婆寫信，約好時間前去拜訪。

我們帶著襁褓中的次男，三人一起前往北海道。北海道是我的第二故鄉，阿伊努文化也是從小耳濡目染，我帶著返鄉心情，愉快地搭船又搭火車前往愛子婆婆家。

愛子婆婆獨居在十分簡樸的小屋裡。面對遠道而來的我們，她像對自己子女般親切地說：

「來了就好，我正等著你們呢！」

她的眼睛又大又亮，我從未見過那樣深邃的眼睛，彷彿能一眼透視芸芸眾生。我們停留了大約兩個小時，生產的話題聊得不多，主要談論人生的生活方式，末尾她一語道破天機似地對我們說：「你們不會大富大貴，不過，三餐溫飽倒是無須擔心。」

印象特別深刻的是，她說成為阿伊努產婆的條件是「在森林出生、成長的人」。產婆目睹生命誕生之一瞬，是最初接觸到新生命的人，「在森林中出生成長才能好好聆聽自然之聲與生命之聲」。我十分認同這樣的說法。

阿伊努產婆對阿伊努人而言，可能就像引人看見未知世界的神祕巫師吧？

臨別之際，愛子婆婆問：「你們知道自己在做什麼吧？」我們不約而同立即應聲：「是的！」以此堅定的語氣回答她鏗鏘有力的提問。遺憾的是，翌年愛子婆婆與世長辭，享年八十一歲。

對知亞季而言，與愛子婆婆一期一會，必然給了她身為女性很大的力量加持，而對身為男性的我來說，那也是畢生難忘的寶貴經驗。

人類能藉食物自由創造命運

在杳無人煙的山中生活，又靠自力分娩、靠飲食治病，這在一般人眼裡是特立獨行、甚至有點驚世駭俗的生活方式，但對我們來說卻很平常，不過是與自然共生共存的最低基礎。

我們夫婦倆都是普通人，並無特別的才華與能力，在育兒方面也都是笨拙地從零開始摸索。唯一與其他父母不同之處，那或可說是我們夫婦都對「食」的奧秘充滿敬意，完全相信「病從口入」，病必定也能從「食」排除。

古日本把新生嬰兒算作一歲，因為生命在將近一年前即在母親體內開始。根據現代胚胎學，胎兒在母體中的經歷約莫等於地球誕生至今三十八億年的生物進化過程。誕生前在母親體內「三十八億年」，誕生後最長不過百餘年，時間之差距簡直「不可同日而語」。由此看來，人的「一生」絕大多數時間是在母胎內，藉由母親攝取的食物來獲得營養。

從這角度看，可見母親孕期的食物對胎兒的生命何等重要，日文「宿命」一詞，即可解釋為「寄宿母親子宮時期攝取的食物所創造的生命」。

母親孕期中失去食慾又嘔吐的「害喜」現象，其實非常耐人尋味，只要體驗過一次半斷食，人人都能對害喜現象有所領悟。

孕婦害喜跟半斷食的排毒現象根本是相同的，害喜是母體為了育胎而自動進行的環境排毒淨化，也是胎兒成長進化過程間的「蛻變脫皮」現象。

害喜通常出現在懷孕第五到十六週之間，這時期胎兒究竟進化為怎樣的生物？從單細胞到多細胞？還是從魚類到爬蟲類？我對探索這些自然現象的興趣無窮無盡。

另一個跟「宿命」意思相近的詞彙是「命運」。「命運」顧名思義就是「運送生命」。我們以什麼運送生命？不用說，人人都靠進食，一天天地將生命「運送」到明日。隨著自己選擇的食物，運送向不同的人生道路，即是「命運」。

選擇正確的食物，理所當然地「宿命」好、「命運」也好，那是健康、自由、幸福的一生；反之則不然。「宿命」承繼自父母，「命運」則由自己創造。

人類因口腹之慾，什麼都敢吃。人類的食物選擇遠遠比其他動物龐雜，可以說人類是特別能夠多元化自由選擇食物的動物。若說人類與其他動物的差別即在「人類能藉食物自由創造命運」，其實也毫不誇張。

我很幸運地在領悟了「食」的祕密之後，命運有了一百八十度改變。我以食物守護自己與家人的健康，也以此照顧他人的健康，並因而有餘力關懷世界上更多的人與事。

不吃藥不看醫生的育兒法

我們生長在日本高度成長期時代，和一般人一樣，在發育時期也曾吃下無數含化學添加物的無益食物，我們不希望下一代重蹈覆轍，所以堅持要給孩子安心、安全的天然食物。

我們自己種植蔬菜，也透過郵購取得各地優質食材。還有，盡可能不讓孩子吃肉類、魚類、蛋奶製品等動物性食品。生命仰賴食物滋養身體、培育心靈，我們希望不吃動物、避免殺生的孩子，能長成比父母更健全、溫柔的人。

深山村落沒便利商店也沒餐廳、自動販賣機，正好給孩子們相對干擾較少的食育環境。孩子們在國中畢業，離家自立前，可說近乎完美地照「正食」理想養育長大。

我們也幾乎不吃藥、不去看醫生。孩子成長過程難免會感冒、受傷，或遭遇其它意外，我們希望在孩子需要幫助時，第一個趕到孩子身邊陪伴，只以食物、自然療法幫助孩子恢復健康。結果，我們的孩子都平安順利長大，這讓我們得到莫大的信心，孩子們也對父母產生很深的信賴感。這點是我們夫婦頗為自豪的。

對治病痛的方法一直都只是食物，這也讓孩子自然而然懂得用心對待飲食。

可以說我們在育兒方面唯一執著「食」這件事，一心一意為養育健康的子女而努力。

近年社會上有許多家庭的親子關係不睦，我認為原因大多來自父母對飲食的漠不關心和無知。這真是非常遺憾的現況。其實正確的飲食可以培養健康懂事的孩子，父母不必操心焦慮自然能寬宏和藹，輕鬆育兒是可能的。我們以自己的親身經驗，希望給人這樣的信心。

我發覺對第一個孩子，通常父母在各方面都難免過度干涉，而到了第二、第三個孩子以後，兄弟姊妹間的關係甚至比跟父母還親密，就算父母不在，他們也能自己玩樂。

我們能擁有五個孩子，實在非常幸運。表面上是父母在教育孩子，但其實孩子同時也在教育父母。五個孩子各以不同的方式教育了我這個父親，我打從心底感謝他們。

我自身是三姊妹中唯一的男孩，當時舊社會普遍重男輕女，男孩都在父母過多的關注下長大，這讓我經常反省對待兒子是否忘失平衡？我的人生繼承了父母的苦樂，不希望自己在無意識下也讓孩子背負了重擔。

若說世間沒比育兒更重要的工作，這一點也不誇張。透過育兒，將人類代代相傳的智慧交棒給下一代。女性承擔著孕育生產寶貴生命的重任，男性則負責創造更好的環境，讓下一代生命能健康、自由、快樂地成長。

這是人類生存的重要任務，也是育兒的神聖本質。

以母乳哺育且不用尿布

在磐城深山裡與病患混住的生活，日日充滿挑戰與學習，讓我在指導半斷食自然療法方面，有了更大的信心。然而，如今回想，對當時的家人來說，那樣的生活其實相當不易。

除了我與知亞季工作太忙碌之外，孩子們肯定也有某些不同的壓力。我隱隱感受到危機，恐怕這樣下去，全家人都要崩潰。那樣高壓的日子還能平安維持上幾年，想必是因為那片美好的自然環境。

我們家被森林環抱，空氣清新，四季美景流轉，還有清澈的溪流池塘，與大自然無數動植物和諧共處。夜裡圍在篝火邊，全家躺臥大地瞭望星空。是這一切適時療癒了我們的身心吧？

我們家很看重全家一起用餐。雖然吃的都是極簡單的五穀蔬菜，但孩子們總大快朵頤。他們一個個長到兩歲左右，都愛模仿母親下廚做菜，所以從小就習慣依各自能力幫忙準備三餐，女兒們上了國中，就能代替母親掌廚了。訪客們總稱讚長女像個能幹可愛的小媽咪。

我們家五個孩子都是喝母奶長大的，而且從不用紙尿褲，甚至連尿布也少用。知亞季這位了不起的母親以相當大的決心堅持自然育兒，連「無尿布」也不放棄挑戰。她以母親靈敏的直覺，準確接收嬰兒想要排泄的訊息，神奇地與孩子「合作無間」。

相較於父親，以母乳哺育、不用尿布的孩子們，從小跟母親的關係更是親密深遠。這是知亞季偉大的成就。

我們的自然育兒法到了次子、也就是第五名么兒，更是近乎「野放」。知亞季不但完全不用尿布，兩歲以前還任他赤身裸體。因為她聽說在天寒地凍的西伯里亞，有些父母就是這樣培育孩子的體能；櫻澤如一也說過讓孩子體驗飢寒是非常重要的。雖然知亞季的提議讓我一時吃驚，但那理念我是非常認同的。

仔細回想我們和父母那一輩，都是飢寒交迫熬過來的，我們不都因此而更堅強？

我們家海拔有五百公尺，冬天低溫又積雪，次子不論在室內室外都赤裸裸，其他穿著衣服的孩子對此早習以為常，沒覺得有什麼關係，出入的訪客們似乎也不太在意，彷彿他的赤裸是天經地義。

次子就這樣如野生動物般在山裡長大，一直到兩歲左右開始跟家人一起進城，才漸漸穿起衣服。長大成人的他確實活力充沛、貫徹著無拘無束的自由生活，並且感情豐富、善解人意。

山村裡的小學分校

村子裡有一所城區小學的分校，從家裡沿田畦步行約五分鐘，孩子們都在那上學。村裡只有幾名兒童，同學們每天都如同兄弟姊妹般一起玩耍。有時放學後，全校學生都跑來我們家，玩到吃過晚餐才回家。

我曾在自己發行的月刊通訊上描述這所學校的點滴，結果吸引三名東京小孩想來山村留學，要求准許暫住我家。曾經全校只八名學生，其中五名是從我們家去，幾乎成了我們家的專屬私小了。學校有三名教師，都是帶著服務偏鄉的理想遠道而來，每一位都充滿

▲ 山裡已廢校的小學分校（2023 年攝）

熱忱。冬天師生一起把腳伸進被爐桌圍著上課，夏天一起到河裡釣魚，師生彷彿一家人般親密。這所學校也跟普通學校一樣提供營養午餐。我們吃素，所以每天自帶便當上學。包括三位東京小孩在內，帶便當上學的竟比吃營養午餐的學生多。

到了國中和高中，孩子們各自在完全不同的教育環境下成長。

長女只上了小學一年級的一個學期，自己就決定改在家自學，直到六年級時再去上了一年，小學畢業後進入鎮上的國中，但也是只念了一學期就決定休學，理由是不喜歡只為了競爭而學習和運動。

長子從小學到高中，都跟當地孩子上同所學校，他對父母貫徹與眾不同的生活方式，漸漸有了不同的意見。次女、三女、次男，從當地小學、國中畢業後，跟隨長女也到澳洲念高中。隨後，依各自志願選擇專門學校或大學。

身為父母的我們，也總是邊育兒邊摸索學習，一路走來，需要反省之處應是不勝枚舉吧？

與嬉皮風移民結為山居夥伴

我們居住的村落是連名稱都沒有的偏僻小村落。連我自己也覺得匪夷所思，怎麼會喜歡住在如此不便之處？

這個村落是戰後東北地區常見的開墾地，當時從村外遷入的移居者，包括我們家只有三戶，其他村民都有親屬關係。這類村落基本上相當封閉，外來者難以融入，有居民就因受不了這樣的氛圍而搬走。我們也花了相當長的時間，才與村民漸漸熟絡。

那時我們與鄰村同世代的移居者們更常往來。他們是想與社會保持距離、追求自由生活的年輕嬉皮。我們氣味相投，無所不談，彼此的孩子也自然玩在一起。

我們在小村最初落腳租用的廢棄老屋，在我們入住前，也租給幾名男女嬉皮。他們不分男女都赤身在河裡戲水，在田裡鋤地的長髮男子僅穿著一條紅內褲，其狂野連同輩的我們見了也稱奇，村裡長輩想必更加瞠目結舌。

相對於他們，我們家的衣著打扮和生活方式都顯得極為普通，然而，實際上，我們親手拓荒、獨力造房、在家分娩、全家大小徹底貫徹素食、不看醫生不吃藥、有的孩子也不上學，這恐怕比嬉皮更嬉皮吧？

總而言之，明顯與大眾過著不同生活的我們，某個角度來看，也可說活在自己的小小世界中，不自覺忘了自己可能是被隔絕在紅塵邊緣的人。那些移住鄉野的朋友們都性格鮮明、崇尚自由，還擁有在大自然中討生活的韌性，他們對我們來說很重要，是他們的友誼交流讓我們的生活更加多采多姿。

第八章
從「食之道」接連社會關懷

響應國際寄宿家庭運動與舉辦兒童生命節，
這兩個我毫無經驗的大活動，居然同時構思、進行，
怎麼想都是天方夜譚，
然而，都順利成功了。
昔日那個自卑少年，與「食」世界相遇後，
已搖身變作連自己都不敢置信的超級樂觀行動派！

移居深山後，為連結志同道合的夥伴，我開始撰寫日常生活雜記，編輯成自己的月刊通訊。

這份通訊的發行作業，通常在夜裡與孩子們一起進行。只是複印、裝進信封、用膠水黏好的單純作業，孩子們把這項跟父母一起進行的工作當作新遊戲，總是歡歡喜喜地幫忙。

多虧這份通訊，遠居偏鄉的我們才得以把觸角拓展到日本各地，這讓山居的日子保持活力蓬勃。

此外，我每週還會進城一次，收集一些新資訊也順便處理雜務。

有一次聽說有一個特別的車諾比攝影展，就隨意過去看看。

展場內有張照片讓我目不轉睛，畫面是車諾比核災事故後，某個房間的角落遺留著一個小孩玩偶，主人一家已倉皇遠走他鄉、生死不明。這是一直為養家奔波的我，第一次那樣憐惜天下的孩子，也更感到我們家孩子每天在大自然中優游自在是多麼有福。

我最初決心以弘揚「食之道」為志業，是抱著希望眾生都能透過飲食變得健康、幸福、自由的大願，看到這張照片，我才發現自己在不知不覺中把這個大願遺忘了，成天只為自家生活忙碌。我為自己的渺小無能感到汗顏，把這慚愧的心情都寫在通訊上。

幾天後，我收到一封來自某大學教授的信。他說他對我的文章很有共鳴，邀我一同前往即將在白俄羅斯首都明斯克舉辦的援助兒童國際會議，請我以自身實踐和研究「食」的立場參與座談。

訪查白俄羅斯核災村莊

讀這封信時，我腦中立即浮現傳奇醫生秋月辰一郎。傳奇發生在繼廣島之後被投下原子彈的長崎，這位醫生所在的醫院離核爆中心兩公里範圍內，院中病人卻無人患原爆症，全都平安倖存。

他是研究放射學的醫生，曾將經歷原爆的體驗寫成《死之同心圓》一書，強調僅僅靠選擇正確食物即可避免原爆症。這本書在戰後被譯成多國語言。我非常想將這些訊息傳遞給核事故受害者，也想在國際會議上提案。

我們經德國前往白俄羅斯。我把握十分鐘發言時間，把「自然飲食對核事故受害者之重要性」這訊息傳達出去。會後，我與教授勘查白俄羅斯各地核事故受災情況，所到之處都備受歡迎。當時白俄羅斯的共產主義政府並未如實公開受災情況，國民都渴望透過外國訪客讓世界知道真相。

我們拜訪某個三餐難以為繼的貧民村，村民收集了各家各戶的食物來款待我們，在伏特加杯觥交錯下，還為歡迎我們跳起俄羅斯傳統舞蹈。

我難以理解為什麼村民還能如此載歌載舞？雖然自覺這個問題有點失禮，仍忍不住請教一位村民。他的回覆讓我震驚不已，至今難忘。

他淡淡一笑說：「因為我們只剩絕望！」

在某間醫院裡，我們看到因輻射影響而停止發育的孩子，七歲大的身體怎麼看都只有三歲；也看到泡在試管福爾馬林中來不及出生的可憐胎兒。處處都是對悲慘核災的強烈控訴。

清晨的村莊教堂，村民聚在一起為受汙染的家園祈禱。我們推開大門悄聲步入，那祈禱的身影與聲音莊嚴肅穆，又散放著無比安詳篤定的能量。

這次旅行是一趟重新自我檢視之旅，再次喚醒我去思考自己對社會的責任，也更期許能透過分享「半斷食」為世界和平略盡棉薄之力。

當時完全無法想像的是，幾年之後，核事故會降臨日本，而且就降臨在我們家福島。

參加車諾比兒童寄養家庭運動

因此會議之緣，翌年夏天我們參加了國際援助核災受害兒童的「車諾比兒童寄養家庭運動」。

我們招待五名九歲至十歲的兒童，到我們家寄宿一個月。我衷心希望可以透過飲食，幫助他們改善身心狀況。

但我們得幫這些孩子準備機票，種種相關開銷根本不是清貧的我們能負荷的，因此我請友人幫助，也在媒體公開募款、徵召義工。

當時福島已有多所核能發電廠，被喻為日本「核能的銀座」。我們的村子離核電廠不遠，所以大家更關注核災事故。在我們呼籲下，資金與支援小組很快到齊了，一九九三年夏天，五個孩子從迢迢七千公里外順利來到日本。

我開車到成田機場接機。長途跋涉的孩子們個個臉色蒼白、惴惴不安。

我們一家大小八口，加上五名車諾比的孩子、一名隨行翻譯，總共十四人的一個月共同生活由此開始。當地媒體多次來報導孩子們的生活情況，更多日本人因此知道核災問題，這也是我們參與這活動的目的之一。

這些孩子都來自偏僻小村，之後我曾去探訪他們的故鄉，印象彷彿是日本百年前的鄉村。

對這些孩子們來說，日本各方面都遠比故鄉繁榮，滿街高樓、華服美食、七彩霓虹，恍若奇幻仙境，他們無論到哪都驚嘆連連，第一次看到大海，甚至興奮得手舞足蹈。

一個月寄宿期間特別有意思的是，飲食的變化。

車諾比地區以肉食為主，為了讓他們吃得自在滿足，我們盡可能配合烹調佐以大量時蔬的肉類料理。餐桌上，一邊是我們的家常素食，一邊是他們的特別料理。對我們家孩子來說，他們的肉、蛋、香腸、牛奶、奶酪、奶油，過去多只在繪本故事出現，孩子們都對彼此的食物好奇地張大眼睛。

當時長女已十四歲，是大家的小姊姊，每天幫媽媽用那些自己不曾吃過的食材準備三餐。過了不久，起初對素食興趣缺缺的他們，開始把手伸向我們這邊的料理，大概過了兩個星期，他們自然而然地也吃起糙米、味噌湯、烏龍麵，漸漸地也不大吃肉了。我們從沒勉強或慫恿他們，也許他們只是以為我們的家常菜就等於日本料理，因而有興趣也說不定，但他們真的自然吃起素食。孩子們的味覺非常誠實，我很驚訝也很欣喜。

他們在日本一個月，每天都在義工守護下到處遊覽，接受滿滿的溫暖善意。記得在白俄羅斯的國際會議上，有專家說只要在安全安心的自然環境中生活，孩子們就可恢復八成健康，看著這群孩子的變化，真覺得所言不虛。

行程結束後，我們全家一起到成田機場送機。差不多開始有點想家的他們，一方面為踏上歸途而開心，另一方面卻因離別而傷心落淚，我們家孩子也跟著哭了。想到他們將回到災區，我們夫婦倆也不禁熱淚盈眶。

從他們身上我們學到，公益活動絕非單是施予方的奉獻，我們從他們身上學到的可能更多，也得到許多喜悅。特別是，我還見證到，安全安心的自然飲食超越國界籓籬。

創辦「兒童生命與生活節」

在我們家，從取暖、燒洗澡水到下廚做飯，基本上都使用木柴，偶爾才用瓦斯，瓦斯費用太高昂了。因此，我們常在山林間撿拾細柴雜枝。

我們家大約一個棒球場大小，為維持整潔，光除草就得耗費好幾天。還有暴雨後道路常崩壞，必須及時搶修；寒冬中則處處積雪，每天還得剷雪。另外還有一堆生活工具需要修繕管理。

山居生活不是旁觀者以為的那樣清閒悠哉，我們每天都忙得不可開交。

除了以上勞力活，我也必須維持一家生計。我認真思索什麼樣的工作能配合我們家生活實況，又發揮我對「食」的志趣？結果腦海浮現的是，何不把在家試辦過的半斷食療養，正式變成工作呢？如果每月定期舉辦一次為期七天的半斷食課程，所得可以支付全家大小一個月的開銷吧？

若是這樣，就得有另一棟提供學員住宿的建築才行，而且要有兩層樓才夠用。但這樣的建物規模，靠我一個門外漢絕對不可能完成，而且，我們根本沒資金。

儘管八字都還沒一撇，我再次不顧一切，一頭就栽下去開始推演施工程序。那正是我們招待車諾比孩子共住的時期，也是正計畫要在附近牧場舉辦兒童專屬「生命與生活節」的時候。

我也拿這樣莽撞的自己沒辦法，只能苦笑自嘲，因為每天吃糙米，果然變得勇敢無比！

我們埋進山林專注育兒的時代，是日本和全世界都在大戰後激烈轉變重生的時代。

一九八八年夏天，積極回應時代風潮的一群年輕人在長野縣舉辦了「生命節」，我們帶著孩子去參加。

會場在長野縣富士見滑雪場，群眾帶著帳篷來參加，有前瞻未來的演講會、座談會、音樂會，還有熱鬧的攤販市集。在共同生活的一星期裡，彼此互相闡述理想生活目標，參與者多達七千多人，盛況空前。在那之後，與會者返回全國各地，紛紛成為檢討日本環境問題且倡議新生活的先驅者。

參加生命節之後，我一直想舉辦在地兒童版「生命節」。我認為以兒童為主角，以生活為主題的聚會，在當時是非常必要的。我們很快在村子附近找到理想場地，那是一片廣闊草坪，村民昔日的牧場。

我定名為「兒童生命與生活節」，計畫為期五天的野外活動。向各領域朋友說明這個構想後，幸運得到很多共鳴，活動順利展開。

我們在會場搭起帳棚，舉辦文化講座、音樂會以及其它各種才藝表演會，還有聚集三十攤販賣自然食品、無農藥小農蔬果的露天市集。

當時寄宿我們家的車諾比小孩也參加了生命節。其實，這是我的祕密策略。我期望車諾比兒童與日本孩子的相遇，向大家展現未來地球一家的生活樣貌。

兒童生命節圓滿落幕，皆大歡喜。總計兩千多名大人和小孩共襄盛舉。

翌年，為了探望那幾位車諾比小朋友，我再次前往白俄羅斯。那一年夏天，又招待了另四名兒童來我們家。

響應國際寄宿家庭運動與舉辦兒童生命節，這兩個我毫無經驗的大活動，居然同時構思、同時進行，這怎麼想都是天方夜譚，然而，居然都順利成功了。昔日那個自卑少年，與「食」世界相遇後，已搖身變作連自己都不敢置信的超級樂觀行動派！

放手讓孩子獨立離家

在為建造學員宿舍傷神之際，經由友人協助，我們獲得當地銀行許可貸款，夢想已久的客房終於得以一步步落實。

宿舍建好後，參加半斷食課程的學員一年年增加。之後，整整三十年，我貫徹初衷，持續在這裡辦課程。

「半斷食」一詞，當時在「正食」領域已經存在，不過，只在飲食療法中偶爾使用，並非一個完整具體的課程。長年帶課經驗和形形色色學員的反饋，對我來說，好比都在不斷細細琢磨一塊神秘的寶石，到現在，這寶石仍常從我未知的角度發射光芒，讓我油生虔敬之情。

看到學員們歡喜滿載而歸，還有人奉我們簡陋的山居為自己「生命的故鄉」，我們夫婦倆當年背水一戰來到這山野歷盡千辛，儼然有了特別的意義。

奈何世事無常、命運不可思議，在送別車諾比災童十八年後，日本因東北大地震引發被稱作「車諾比第二」的核災事故，我們家也首當其衝。我們不得不離開這片神明賜予的天地，也是我們用青春血汗、胼手胝足打造的家園，以及半斷食課程重要的修行基地。

在我長遠的事業計畫終於步上軌道之際，我們家孩子也一個接一個獨立離家。最初離家的是長女，她國中畢業後，選擇去澳洲上高中。她從小最愛看以遼闊牧場為背景的澳洲動畫片，嚮往跟故事女主角一樣，天寬地闊、自由堅強地生活。

我總遺憾自己英語不夠好，從孩子出生就希望他們都擅長英語。孩子想去英語系國家留學，我們覺得不錯。但當時我們與澳洲毫無淵緣，多方打聽，與一位住在雪梨的日本女士連上了線。我即刻帶女兒飛澳洲與他們見面。那女士與一位澳洲男性是對年輕夫婦，他們家也有小孩。在他們熱心協助下，長女進入一所華德福教育體系學校，學生人數少、充滿家庭氣氛，而且又幸運地在學校附近找到很好的寄宿家庭。

女兒生長於福島偏鄉深山裡、沒怎麼上過學，不會說也不會寫英語，女兒的留學生活想必相當辛苦。把女兒獨留於他鄉異地，在返航班機的一萬公尺高空上，我心痛得淚如泉湧。之後我才聽說，目送女兒離家後，想到女兒此後孤身在外之苦，她媽媽更哭了三天三夜。

勇敢的長女順利從這所高中畢業後，選擇回日本上大學，大學畢業後再次回到澳洲雪梨讀研究所。從小在家自學不愛上學的長女，長大竟變成一個這麼愛學習的人！

在長女之後，其他四個孩子也選擇自己的道路。雖然不確定他們是否參考了父母的意向，不過他們都按照自己的意願，自由選擇了升學的道路。

我總認為，所謂育兒，不是父母單方面養育兒女，其實也是兒女在教育父母。不用說，兒女是父母的至寶，然而在該放手的時候，不得不放手。

兒女離家獨立，也是老天讓父母成長的試煉。

第九章

領我看見世界的老師

為宣傳課程，

我在東京以「Macrobian」為名設立了辦公室。

但沒什麼生意頭腦的我，每月都怕付不出房租、薪水，

兩年後開始暗自懷疑這終究是個不自量力的妄想。

然而，在這期間，

很榮幸與多位卓越熱誠的大智慧人格者結下善緣。

宿舍落成後，終於有條件可以每月舉辦半斷食課程。不過，最初每次課程只有兩、三人參加。這樣的收入無法支付我們建屋的銀行借貸利息，因此我考慮主動去東京舉辦「食」的活動，以便宣傳課程。

首先，得在東京設個據點作聯絡窗口。

父親在故鄉有一塊土地，因為家族上下都沒回鄉的打算，所以我決定賣地籌措東京辦公室租金。最後租到世田谷區兩間透天厝，離東京正食中心不遠。我僱用三名在東京認識的年輕人，一起處理通訊發行，策辦健康講座、料理課程、健康諮詢等。整體活動名稱訂作「Macrobian」，這是其中一位同事的創意，意指「正食（Macrobiotic）」的實踐者。這名稱後來成為我工作的商標，越來越廣為人知。

有一次櫻澤老師的弟子——長年在比利時推廣「正食」的吉見克林姆先生告訴我，自希臘時代即存在半斷食，更吃驚的是，「Macrobian」也是從希臘時代即存在的辭彙，是一個傳說裡遠古部族的名稱。

年輕同事個個才華洋溢，我也很高興可以在東京這個夢想舞台發揮志趣，每天全心全意投入工作。然而，沒什麼生意頭腦的我，要在高消費的大都會展開活動，每個月都怕收入不夠付房租、薪水等種種開銷，心理負擔極重。持續兩年左右，開始暗自懷疑跑到東京設點，是否只因為仰慕櫻澤如一，也想跟他做一樣的事、成為像他那樣的導師？而這終究是個不自量力的美麗妄想？

全球「共同體」研究學者草刈善造

比較踏實的成果是，每月通訊在東京開拓了不少讀者，發行量約有千份。托這份通訊的福，我得以與許多能人智者結緣。例如北海道大學名譽教授草刈善造。

草刈先生離開大學教職後，獨力研究環境和健康問題，並每月發行《綠健》通訊，熱心地在全國各地展開活動。草刈先生閱讀我的《Macrobian》通訊，不時邀我在《綠健》通訊撰寫與「食」相關的文章，我也開始參加草刈先生在全國各地舉辦的活動。

草刈先生還邀我一同參加他策畫的以色列之旅，又體恤我阮囊羞澀，主動幫我負擔全額旅費。他當時正在研究全世界的「共同體」，據說以色列的集體農場「基布茲」堪稱世界唯一成功的共同體。那時代許多人都對烏托邦懷著夢想熱情，我也很想一睹實況。

到了以色列觀摩基布茲生活型態，看到沉穩的人們一起和平共生，每天都齊聚在大食堂圍桌用餐。福岡正信的自然農法也傳到那裡，他們吃簡單蔬菜料理，每一道都新鮮美味。他們彼此關係良好，同心協力，讓人感覺真是個美好的社區。

為什麼只有以色列的基布茲體制能成功實現共同體理想呢？在當地聽到的答案是，二次世界大戰後獨立建國的以色列，一直遭受周圍中東各國的攻擊，人民必須緊密合作抵禦險惡環境才能生存，自然而然比一般國家的人民更具生命共同體的意識。這不是單憑完美理論或理想規劃就能追求的。

這樣的現實給一直追逐理想而活的我，上了寶貴的一堂課。

我們也請草刈先生來我們家舉辦研習會，他非常喜歡我們家的環境，甚至提出合作把Macrobian擴充作實踐環保新生活的範本，以及用我們家作再生能源及自然農法的實驗場所等等。

可惜草刈先生在八十六歲那年與世長辭。他是一位可敬的時代先驅，只歎自己沒能更積極協助他。

老子達人增田正雄與秋野癸巨矢

在東京兩年慢慢打開人脈後，東京一家公司地湧社出版了知亞季撰寫在家生產經驗的《想要自然分娩》一書。

地湧社以「發掘草根隱士」聞名，福岡正信的《一根稻草的革命》正是其代表作之一。其社長增田正雄先生有卓越的識人之明，他是很多素人作家的伯樂。

那時，我也認識了大阪「正食協會」的總編輯秋野癸巨矢，秋野先生和夫人都是志同道合的食之道夥伴。

增田先生和秋野先生都比我年長十歲以上，我們是無所不談的忘年之交。特別是秋野先生，他曾在京都大學主修美術哲學，談論「正食」生命觀、世界觀，別有洞察且一語中的。

他的個性自由不羈，酒量極好，幾杯下肚後更是高談闊論不絕。他有一枝生花妙筆，讓我佩服不已。多才多藝的他還曾是日本有名的「吉本興業」藝能事務所旗下一員，生活態度逍遙灑脫。

這兩位先生彼此也意氣相投，都崇尚老子哲學。有一年增田先生邀我們同行赴中國參加「國際老子學術會議」，那會議聚集了約兩百名老子研究者，除我們三個日本人，還有幾位來自其它國家。

四天三夜的會議中，增田先生介紹以老子思想為精神核心的日本自然農法大師福岡正信，秋野先生發表關於老子思想的研究心得，我則闡述以老子思想為基礎的「正食」可以怎樣為世界獻力。

會議氣氛熱絡，只是中國獨特的口號式表淺理論偏多，與我所預期的內容有些出入。

中國宮廷料理大師胡德榮

會議期間某次用餐，偶然與一位長者同桌。他是來自江蘇徐州的宮廷料理研究家，擁有特一級廚師證照，名叫胡德榮。

胡老師出版過六本宮廷料理專著，長年研究並實踐素食相關的傳統技術。聽說徐州市內知名飯店的主廚也是胡老師的弟子。

胡老師對傳承中國素食料理文化充滿熱情。我相信數千年悠長傳統的中國素食料理技術，將會在世界大放光芒；而環境和飲食健康問題，也必會成為全球關注的焦點。

會議之後，我多次前往徐州探訪胡老師，也曾以團體旅行方式帶對素食有興趣的日本人一起前往徐州，細細品味胡老師和弟子們費時烹調的精緻宮廷料理。我也有幸在胡老師的料理學校分享個人經歷。

透過胡老師兒子的介紹，我認識了畢業自日本工業大學的劉燈寶先生，他日文流利到與日本人無異，每次到徐州都承蒙他為我翻譯，他是成就我與胡老師一段師生緣的恩人。

劉先生如今已逾九十五歲，依然住在徐州。胡老師於十三年前、九十四歲時辭世。四年前我再訪徐州，與劉先生一同去掃墓，也與胡老師的弟子們久別重逢。欣喜的是，聽說徐州市內將為胡老師設立紀念館，珍藏他畢生研究的成果。

國際紳士淑女北谷勝秀與昭子

在東京還認識了一對夫婦——北谷勝秀先生與夫人昭子。

北谷先生當時在紐約聯合國開發計畫署（UNDP）擔任副秘書長，是發展中國家環保問題專家。他曾罹患胃癌，被宣告餘命只剩三個月，在紐約接受手術後，醫生估計約可再活三年。一位聯合國女同事介紹他參考「正食」飲食健康法，他便接受長年在美國推廣「正食」的久司道夫先生的指導，與昭子夫人一起徹底實行。

回日本時，他託朋友介紹來看我，想聽取我的經驗和意見。北谷夫婦用字遣詞、舉手投足都散發一股異於凡俗的高貴氣質，是世間罕見的紳士淑女。

我本來只在深山裡專注於學習和實踐，不太留意世界各地發生的事情，從車諾比孩子們的緣分開始，才對公益活動有些覺醒。我被北谷先生開闊的胸襟與視野撼動，一見如故。那之後，他每次回日本都相約見面。北谷夫婦甚至到山裡探訪我們，他們像疼愛自家孫子一樣疼愛我們家孩子，我們家孩子也對他們既愛慕又景仰。

兩年後，我們一起展開名為「2050」的公益活動，意思是目標訂在2050年，希望全球環境和生命問題稍獲改善，留給下世代一個美好地球。

「2050」致力於喚醒國內外對亞洲等發展中國家的環境、貧窮、糧食問題的認識。其中一個主要活動是，為沒機會接受教育的女孩提供教育援助，換句話說是幫助年輕女孩上學的「長腿叔叔」計畫。

「2050」辦公室設在北谷先生東京的家。從北谷先生長年在聯合國的豐富資歷，可想而知他辦事能力超強，長年在他身旁看他辦事，我發現無論多麼疲累，只要是該做的，他必定今日事今日畢。「2050」收到日本和美國各大組織的巨額捐款，多承蒙北谷先生廣闊的人脈。

「2050」會員逐年增加，活動範圍包括中國、印度、緬甸、泰國、越南、寮國、巴基斯坦、孟加拉、菲律賓等，幾乎擴及所有亞洲國家。其中持續了約二十年的中國植樹活動，有效改善黃土高原沙漠化情況，堪稱已積累出美好成果。

雖然我在「2050」只是名義上的副代表，但有幸參與每年在亞洲各地舉辦的活動，真是獲益良多。

因為北谷夫婦，我才榮幸得以跟著見聞學習，他們都是指引我人生的貴人。

二〇一八年四月六日，情同兄長的北谷先生撒手塵寰，享年八十六歲。為紀念北谷先生，我在自家庭院種下櫻花樹。因為北谷先生生前說過：「死後把我埋在宙八的院子。」當我長眠之日，也想躺在櫻花樹旁。

北谷先生的遺孀昭子夫人今年高齡九十六，依然老當益壯，精神奕奕地在東京生活。

「平成的遣唐使」孫若槐

我也認識了一位對我的人生有深遠影響的中國人——孫若槐老師。

當時，孫老師是西安建築科技大學的名譽教授，他在戰前的日本度過大學時代，深刻理解並喜愛日本文化。後來才發現，他碰巧和北谷先生是大學校友。

孫老師擁有超人的意志和行動力。為推動中日友好、倡導環境和健康問題的重要性，他徒步從中國西安市，一路走到日本北海道的釧路市。這個壯舉被日本媒體熱烈報導，譽之為「平成的遣唐使」。

我一直覺得，今後中國將成為世界極重要的國家，擁有十四億人口的中國必定對世界未來有極大影響。因此，我相信若中國發展得更好，全世界也將朝更好的方向改變。

我認為與孫老師的緣分對「2050」是一大助緣，馬上介紹孫老師給北谷先生。一如預想，兩人惺惺相惜，一拍即合。

其後二十年，我們與孫老師攜手，以中國為舞台展開沙漠植樹及環境問題勘查等活動。「2050」第一次海外研修之旅就選在中國，老師帶領我們一路從長江到西安。在長江遊船上，老師娓娓陳述中國環境問題的嚴重性。為了植樹，我們一起從黃土高原種到敦煌去。我們也深入農村，聽取農民心聲，並在中國各地舉辦以大學教授和學生為對象的環境會議、工作坊。

孫老師備受「2050」會員愛戴，對他的行動力和實踐力敬佩不已。老師總是英姿挺拔、健步如飛，完全感覺不出實際年齡。原來他每天實行二十公里健走，平時只吃粗茶淡飯，我們對食的理念不謀而合。

老師晚年無法再一起旅行，他一百歲那年，我與北谷先生夫婦一同前往西安探視，我們返回日本沒幾天，他就駕鶴歸西，彷彿就等著與我們見面道別。

聽說在中國，超群出眾的大器之人被尊為「大人」，孫老師絕對是位名符其實的「大人」。

久司道夫以正食促進世界和平

北谷先生在美國罹患癌症時，曾去向久司道夫老師諮詢請教食療建議。

久司老師是櫻澤如一老師的得意弟子。他在東京大學和美國哥倫比亞大學的求學時期，非常熱衷於促進世界和平，當時正面臨和平運動瓶頸的久司老師，遇到主張「為實現世界和平，必須成為攝取正確飲食的人」的櫻澤老師，瞬間醒悟日常飲食的深遠意義。櫻澤老師也對久司老師寄予厚望，他果然以美國為據點，將「正食」推廣到歐洲、澳洲各地，同時也編撰了許多相關專書，培育了許多卓越弟子，晚年曾獲邀在史密森尼博物館（Smithsonian Institution）展出研究資料，表彰他對美國社會的貢獻。

身為後輩的我，因曾寄通訊月刊給久司老師過目，而有幸被他邀請到美國參加飲食國際會議。那年我帶著八歲的長女和六歲的長男，作為講師出席。

久司老師以世界和平為目標，向世界宣揚「正食」的重要性，北谷先生也長年在聯合國推行開發中國家非營利組織（NPO）活動、關切世界和平，他倆意氣相投，交情甚篤。

有一年，久司道夫先生受邀到山梨縣的小淵澤創立「正食」研究所。研究所併設在贊助商安露莎化妝品公司位於八岳的總部，以「透過飲食由內到外變得美麗」理念，栽培新時代美容師為目標。學生多數是高中剛畢業、二十歲左右的年輕女孩。

久司老師邀北谷先生和我去研究所擔任講師，我們都很高興有機會跟在久司老師身旁學習，馬上答應。我在講課之餘，常旁聽老師們的課程，受益匪淺。北谷先生和我，前後在這研究所擔任講師十一年。

因為久司先生享譽全球的盛名，加上贊助商的襄助，研究所發行的雜誌頗受年輕世代歡迎，很快傳遍全國。後來，安露莎員工訓練營也邀我去辦半斷食課程。

與兩位偉大的前輩交流，開闊了我的胸襟視野，是我研究「食」的旅程中最快樂幸福的時光。

很榮幸此生能與這些卓越熱誠的大智慧人格者結下善緣，願我終生不忘兢兢業業繼承前輩的遺志。

第十章

生命大掃除——三十日斷食

最難熬的是最初三天。

毒素紛紛從體內浮出，身心隨之呈現類似生病現象。

一般以為出現徵狀代表疾病已惡化到一個程度，

但在進行飲食療法時，觀點卻恰好相反。

出現徵狀被視為「排毒現象」，

可理解為正開始要往好的方向翻轉。

我親身體驗過無數次這樣的事實。

人類最古老的自我醫療法，可說是「斷食」，追溯世界各民族歷史都可發現，許多地方仍以宗教儀式或傳統文化繼承至今，並持續應用在生活中。

其實，斷食也不是人類專擅，動物世界主要也是以此治療創傷和疾病，靜待生命力自我恢復。斷食是信任生命天然療癒力的一種生物本能。

古老東洋醫學認為疾病主因之一是，體內堆積的毒素。飲食療法的觀點也是如此，認為若要從根本改善疾病，首先得從正確飲食來淨化血液開始，藉此漸漸排出毒素，則可治癒疾病。

顛倒過來說，疾病反映出血液受到汙染，血液受到汙染又源自飲食錯誤，飲食錯誤則可推及生活失衡不當。因此，疾病歸根究柢是來為我們的生活發出警訊、獻上忠告的。

疾病值得我們感恩。

食療技術啟蒙老師大森英櫻

我的食療技術啟蒙老師是，東京「正食」中心的指導老師大森英櫻。

他引領食療法時，總是跟病人吃一樣的食物，遇到重病者，甚至願意陪睡身旁、徹夜守護。透過如此親力親為，他僅以飲食療法便解決了諸多疑難雜症，成功經驗每每叫人瞠目結舌。

其基本手法，簡言之就是「少食、少飲」。

說起來很簡單，但實際實施時，無論是指導者或被指導者都冒著極大風險，絕非簡單之事。

少食可在短時間內重新調整身體內在狀況，隨之而來的是容易引發不安的排毒現象，風險也聚集於排毒過程中。該如何創出一套更安全的方法呢？這是我探究食療法的最大課題。

我想，相對於「斷食」，「半斷食」應該是緩和折衷的辦法。「半斷食」這字眼正是在大森老師課堂上聽到的，而大森老師是從櫻澤如一老師那裡聽到的。當時只是個詞彙，還不是一套完整的課程內容。

為研究設計「半斷食」課程，我想我應該再次深入體證斷食，並把時間從一週擴大為一個月。就在東京工作暫告一段落後的冬季，日常雜務減少，正是斷食休生養息的好時機。我把計畫告訴知亞季，很快得到她的支持。

透過斷食看清食物貪欲的真相

我們家有間最初為練習蓋房子而蓋的樣品小屋，離主屋五十米，後來充當我的書房。我決定在書房閉關斷食，不會給家人添麻煩，也不被打擾。

斷食只要有少量飲水即可。剛好書房外有口小池子，純淨的山泉源源不絕。書房裡也有柴爐，可以保持溫暖。其它什麼都不需要。

最難熬的通常是最初三天。原因是各種毒素開始從體內浮出，身心隨之進入類似生病現象。現象因個人體質而異。例如，嗜酒者會有酒臭從全身散發，出現如宿醉般的痛苦；嗜甜食者，散發的是砂糖酸臭；藥罐子則散發藥臭。

一般認知中，出現徵狀代表疾病已惡化到一個程度，但在進行飲食療法時，觀點卻恰好相反。出現徵狀被視為「排毒現象」，可理解為正開始要往好的方向翻轉。

我親身體驗過無數次這樣的事實，也從許多參加半斷食課程的學員身上見證無數案例。

排出的毒素可粗分氣體、液體、固體三大類。氣體以臭味、嗝、屁等形式排出；液體以汗、涕、淚等形式排出，最後階段必以痰、垢、宿便等明顯的固體形式排出。

每次目睹這樣的排毒現象，我都深深佩服人體之精深奧妙！人為治病而憂勞其實是多餘的，我們只要全然信任交託給偉大的生命機制就足夠了。這種自癒機制積極正面地向我們展示，生命總是朝更好的方向前進！

透過斷食啟動了人體「自噬作用」，將細胞之中不需要的物質排出體外，即所謂「排毒現象」。日常飲食攝取有常習性，越常吃刺激性飲食，戒斷症狀越強烈，也會出現不安、悲傷、寂寞等情緒，偶爾出現煩躁、暴力攻擊。

我的情況是，頭三天出現倦怠嗜睡。我順勢什麼都不想做，只坐在小屋柴爐旁靜靜欣賞屋外冬景。

人體有一種維持身心狀態穩定的「恆定性（homeostasis）」機能，恆定性突然被斷食打斷，身體為恢復安穩自然有所動作，這也是排毒現象的生理機制。平常我們不大察覺自己對食物的貪欲，透過斷食將清楚看見那貪欲熾烈的真相。

人的生命因這種與生俱來的恆定性，無論是好是壞，都維持在一種相對穩定的狀態。飲食習慣良好，幫助身心一直往良好方向運轉；飲食習慣不良，則容易讓身心陷入惡性循環，最終導致疾病發作。改變飲食的困難主要就在於，飲食習慣後面那份對食物的執著其實根深蒂固。

因此，日常盡可能養成攝取安全優質食物的習慣，在良好的恆定性中安定下來，不對劣質食物起貪執，這是非常利益身心的。

面對排毒期的種種困難，首先要堅定相信自己內在的天然治癒力，其次對生起的執念煩惱，不須做無謂的批判、抗拒，心平氣和地觀察、接受就好。斷食在忍耐飢餓的同時，還要跟執念奮戰、與舊時的自我過招，要保持心平氣和確實不容易，但隨著時間過去，毒素排出體外，執念煩惱會自然消散，身體將重新設定恆常性，恢復安穩狀態，體質便在無形中好轉。

一般人日常攝取過多「垃圾食物」，斷食時身體會以發燒、寒氣、嘔吐、疼痛等症狀排毒，但大多數人卻誤以為是生病而害怕慌張，致使斷食無法順利成功。

我之所以能冷靜面對長期斷食，除了因為過去近半世紀在「食」的領域學習體驗，我已對斷食的利益建立起堅定的信念，也因為我們家長期貫徹自然純素飲食，本身健康狀態就很不錯。

管理飲食直接等於調節生命力

久違的斷食讓我重新感受，「一天」的流淌是如此悠緩，另一方面也發現，光是少了進食活動，每天時間竟有那麼多餘裕，也可見我們的人生不經意在吃喝上消耗過度了。

大約十天過後，我感覺排毒現象漸漸緩和，對食物的執念也越來越淡。到第二十天左右，內心開始感受到很大的平安，能夠專注投入於閱讀，身體反而積極活潑起來，自然想外出散步活動筋骨，甚至還想何不去砍柴？

於是我提起斧頭，跟往常一樣砍柴，在一個飄雪的冬日清晨。我一點也不覺得冷，輕輕使力便劈好一大綑柴，不像平常那樣過度費勁。

我瘦了很多，理應氣虛力弱、四肢無力，但我在極度放鬆的狀態下持續砍柴六小時，居然一點都不累。平時要是砍柴六小時，肯定累得喘吁吁，中途必得休息兩、三次去喝茶吃點心。

這砍柴經歷讓我真切體驗到，體內毒素排除後，內臟不再疲累，才能使出平時無法想像的持續力和臂力；身心清淨後，四肢與知覺會更靈敏，可以更精準地施力，把無謂的耗力減到最低；此外，力氣也不與進食份量成正比，不正確的進食反而造成身體消化負擔，往往徒然耗費更多能量。

僧侶們能完成非比尋常的嚴格修行，應該也與寺院日常習慣粗食、少食有很大的關係。

我的體重從二十幾歲開始就幾乎沒變，這是我多少有點引以為豪的事。但這次斷食一個月下來，我瘦了將近十六公斤，體驗到前所未有的輕盈。斷食結束幾天後，我突然感覺到一種不明的甘甜汁液，彷彿是從腦中溢出，流經鼻內又流到喉嚨，至今莫名其妙。

斷食期間，種種深層記憶紛紛「出土」，包括童年時光、平時不太想起的先父和先祖母也出現了。兒時我總在挨餓，一直夢想長大後絕對要每天隨心所欲吃到飽，豈料現在的我卻反而刻意餓肚子。人生真有趣，可不是嗎？

胎兒從母親攝取的食物中取得營養而生存，對食物的執念可說從受胎那一刻就開始。從另一個角度來看，對食物的貪欲其實也是生命力的反映。人類能完全放下這份貪欲時，不是對生命有甚深了悟，就是人生即將終結。因此，我們可以說，管理飲食直接等於調節生命力，這一點都不誇張。

設計半斷食課程的熱情泉湧

為什麼那麼多人把這麼理所當然又簡單的事實，當作特別的、不尋常的大道理？為什麼那麼多人不肯認真面對「我就是我吃的食物所構成」？

這次斷食讓我再次肯定，斷食是體悟「食」之奧祕的捷徑，也是更新人生、回復原本生命力的極簡法門。

那一個月期間，一股妥善設計半斷食課程的熱情從心底莫名泉湧。到底半斷食的飲水、食量多少較好？最好喝清水、茶、果汁還是什麼？該用什麼食材、如何料理？咀嚼到什麼程度較好？一百下還是兩百下？還要配套哪些活動以維持身心平衡？……等等諸多問題，都是我邊實驗邊推敲的問題。

那之後，我想以半斷食課程來貢獻所學的心情越來越清楚篤定，很奇妙地，來自海內外各地的開課邀約竟也越來越頻繁了。

我從小就是個喜歡打掃的人。無論做什麼事，都先從打掃開始。只要把身邊一切整理整齊、打掃乾淨，就覺得神清氣爽。打掃對我來說像是，振奮人生積極向前的鼓聲。如果將這個

▲ 2023 年橋本先生陪同正好編輯重回福島磐城，細數當年在此由零開始的點點滴滴。

來自家庭教育的習慣，換作生命的掃除，那正是我所投入的工作——「半斷食」。

人人本具的寶貴生命力，因被霧霾髒汙覆蓋而無法施展大能，半斷食可說是給生命一個「斷捨離」的機會，掃除霧霾髒汙，讓原本能力自由運作。它是「減法」，不是「加法」。

解決人生一切煩惱的鑰匙，就在自己的生命之中，就看我們願不願意下決心回頭找出鑰匙。

第十一章

順「食之道」迎向國際交流

「食」的志業找到穩定發展模式，也得到大眾肯定後，
我暗自憧憬能有機會到海外歷練學習。
承蒙許多貴人相助，終於得以圓夢。
我們夫妻四十年前赤手空拳打造的偏僻山居，
不但是五名子女安心成長的家園，
後來竟也成了 Macrobian 志業基地、
海內外半斷食學員療癒的道場。

磐城山居客房落成後，每月定期舉辦的半斷食課程，來自各地的學員越來越多，每逢五月黃金週、八月盆節、新年等連假期間，預約人數更是爆滿。

我理想中「食」的志業，至此應已找到穩定的發展模式，也得到大眾的肯定，為此我頗感欣慰，也對半斷食課程更有自信。

期間，在岐阜縣經營電子器材和食品公司的田中義人先生為了治病，連同夫人美玲女士一起前來參加課程。田中先生與我同年，充滿正能量，親切和善，課餘時間我們經常促膝暢談。七天課程結束後，田中夫婦倆帶著清爽的身心，滿足地踏上歸途。不久，他們的女兒女婿也來參加課程。課後，女兒變成在線上指導年輕媽媽們飲食之道的人氣網紅。

因為參加課程的契機，田中全家對飲食的意識都翻轉了，也變得健康了。田中先生一直關懷我，還介紹了很多人來參加課程，他本人就參加了十幾次，也多次邀我跟他的員工客戶分享「食」的經驗。熱情支持、鼓勵我的田中先生，真可說是提攜我進一步推廣半斷食的貴人。

與「掃除道」、「修養團」結緣

事業忙碌的田中先生也不忘回饋社會，他曾擔任「日本美化協會」會長，那是提倡用打掃廁所、清理環境，來淨化人心、美化社會的生活修行組織，以「掃除道」運動之名，廣為人知，發起者是汽車用品百貨「黃帽」公司的創辦人鍵山秀三郎先生。

如今這運動在日本四十七個都道府縣皆設有分部，是日本最具代表性的環境美化活動。而且在美國、巴西、歐洲、亞洲等海外國家也有很高人氣。田中先生是把掃除道推廣到世界的靈魂人物。

在田中先生的推薦下，我也接觸了掃除道，還有機會跟協會成員分享「食」之奧祕。

透過這段因緣，我也接觸了「修養團」這個修行團體。修養團發起者蓮沼門三先生，早在大戰後就呼籲日本人吃糙米、勤掃除，以此作為生活修練的基礎。承蒙修養團當時理事長中山靖雄先生之邀，我曾在伊勢神宮前的修養團伊勢分會舉辦半斷食課程，前後共七年。

接觸掃除道之後，我想起一件往事。

當年我重考進入大學，入學後交到的第一個朋友是一位同班同學。他哥哥是東京大學學生，他也是班上表現優異的高材生。他比我小兩歲，但已跟比自己年長的女生同居。他的早熟、及一切都是當時青澀的我無法理解的。

我常跟他瞎混，還一起在澀谷居酒屋打工。我連喝酒也是跟他學的。這樣的他，

▲ 半斷食課程在橋本先生（前排左三）的努力下，已從日本推廣到海外，備受歡迎與推崇。

有一次忽然淡淡地對我說：「人類有兩大重要課題喔……」。

已經忘了到底是聊到什麼話題讓他冒出這句話，但我一直忘不了。記得他好像說，第一個是地球環境問題，另一個是人類生命問題，兩大課題都涉及世界危機，關乎人類存亡。

那麼，該如何解決這兩個課題？

多年後，我才把「半斷食」和「掃除道」，和這問題聯想在一起。淨化環境和生命，不正好是人人可行的、切實面對這兩大課題的辦法嗎？

畢業後我們各奔西東，已失去聯絡。當時年僅十八的他會拋出這樣的課題，絕非泛泛之輩。人生因緣不可思議，也許我會以半斷食和掃除道攜手合作，皆是冥冥之中自有安排？

在澳洲藍山開辦第一次海外課程

順利展開半斷食課程後，我偶爾暗自憧憬，能像櫻澤老師、久司老師、北谷先生一樣，也有機會在海外歷練學習。

除了隨北谷先生從事國際 NPO 活動外，首先把我推向海外正式定期辦課程的生命貴人就是山端法玄法師。

他當時在澳洲弘揚佛法，所在地方是東海岸一個名為拜倫灣的城鎮，聚居許多以嬉皮風自由生活的人，以及實踐環保永續飲食的人。

我知道有許多日本僧侶在世界各地弘法，不過法玄法師是我第一次實際接觸到這樣的僧侶。法玄法師的生活方式充滿魅力，我希望自己能像他那樣在澳洲推廣半斷食。

那時長女已留學澳洲，探望女兒幾次之後，漸漸感覺與澳洲很親近，直覺半斷食課程必能在此找到知音。

不久，真的遇到一起圓夢的人。那是在雪梨郊外自然食品店工作的「正食」實踐者迪恩．克林。他聽說我是來自日本的「正食」老師，馬上表示願意助我一臂之力。自此二十多年來，迪恩一直以課程經理的角色扶持我，透過迪恩，我又認識了當過飯店廚師的夏洛特女士，如果沒有他們二人，我不可能長年在澳洲舉辦半斷食課程，實在非常感恩。

澳洲的初次課程辦在女兒留學的雪梨郊區藍山。藍山被喻為原住民聖地，自然環境得天獨厚，這裡也聚居了許多熱愛新生活的人，在這裡展開「食」活動最適合不過。

課程內容透過翻譯者傳達，每位參加者都比我預期更認真地面對異國飲食、投入課程。當然，在食材和調味料方面，我配合他們的體質做了微調。不過，整體而言，課程進行完全沒有問題，跟平時在日本的半斷食課程一樣，效果顯著，皆大歡喜。這讓我再次真實感受到，「食」的課題並無國界。

在澳洲，有許多來自歐洲、美洲、亞洲、非洲等不同的民族，面對如此多元的生命個體，對我來說是個非常珍貴的學習機會，也廣結了許多善緣。課程越來越受歡迎，迪恩和夏洛特也累積了足夠的知識經驗，目前兩人都能獨當一面帶課程了。

所以說，我的半斷食課程會從日本走向海外各地，最初就是受到法玄法師的鼓勵。人生中還有以下四位法師，就像他這樣，無形中在關鍵時刻對我的人生產生莫大的影響。

不可思議的僧侶因緣

船木聖羅法師曾表示要為我剃度，由於我自幼對修行生活懷抱嚮往，所以認真考慮，還買好了全套僧服，可是，仔細想想，在嚴格戒律中生活，非我所願，我希望活得自由自在，不想遁入寺廟，而要跟世間一般人同在花花世界，走出一條康莊大道。

當時買下的高價僧服，長年收在衣櫃深處。三一一大地震後整理物品時，我在自家庭園將它焚燒歸土。儘管如此，仍感謝船木法師讓我進一步確認自己的人生選擇。

村上光照法師曾在京都大學跟隨諾貝爾獎得主湯川秀樹博士學習物理學，學生時代就常到寺院禪修，大學畢業後出家拜入著名禪師澤木興道門下。他總是穿墨染作務服，頭纏薄布巾、揹著登山大背包，全國行腳弘法。

他也實踐糙米素食的自然飲食，背包裡裝著小電鍋，不管到哪都自己煮飯，用油炒香白蘿蔔葉、芝麻、味噌拌飯。

每次見面，他總是笑意盈盈地喚我「Chuhachi 先生」，連這錯誤的念法，出自法師口中，不知怎地聽了也很開心。（作者名字「宙八」正確發音為 Chuya，Chuhachi 為音讀。）

法師以科學的頭腦闡述佛法，深入淺出。這樣的說法風格很值得我學習。

維瑪拉比丘跟村上法師一樣出身自京都大學，主修哲學。他遠渡緬甸八年，嚴守二百八十條戒律，完成嚴格修行。來我家時，他穿著橘紅色僧服，胸前掛著化緣的托缽。

在他作客期間，我有機緣聆聽他在緬甸修行的經歷、禪修法門等饒富趣味的話題，也有機緣拜讀他的佛學筆記。

為持戒清淨，在他留宿的同一屋簷下絕不能有女性，也禁止接受女性直接遞上的飲食，因此全部由我負責服務。他住宿期間就算應該是在入浴，外頭也聽不到水聲，從早到晚寂靜無聲，日常一切行動都是他禪修的一部份吧？近距離觀察他嚴格的修行，發現那本不是我做得到的。

他回日本後，引領了許多年輕世代的修行者，後來成為空海密教本山——高野山大學的教授。知亞季曾邀他在我們家舉辦內觀禪修會。

另一位緬甸高僧溫達卡比丘也曾來我家小住一週。

他出生於緬甸富裕家庭，大學畢業後到美國留學，成天與好萊塢明星們吃喝玩樂，某日突然心有所感，放下一切回緬甸入山修行。

在我們家期間，我看到他似有些超乎尋常的能力，覺得滿不可思議的。這段因緣究竟有何深意？我至今仍不太清楚，或許是比丘要藉此對我開示，可見與不可見的世界，其實皆默默同在於我們身邊周遭。

愛爾蘭課後歡樂盛會

之後，在澳洲同事夏洛特的介紹下，我應她朋友、瑜珈老師美琪之邀，又前往愛爾蘭舉辦半斷食課程。

美琪家距離愛爾蘭首都都柏林車程約五小時，是一個牧場圍繞的小鎮。課程場地在美琪朋友家，每次課程參加者都在二十人左右。參加者來自加拿大、非洲、南美洲等地，他們不拘泥於祖國文化和習慣，胸襟非常開放。我在同一個地點連辦了四年「半斷食」課程。

在日本帶課是比較嚴肅的工作模式，在國外帶課，我們多少有點觀光客的心情，很享受遇到的一切機緣。

當時，有位學員是來自非洲布吉納法索的心臟科醫師。他的國家有很多人受不明原因的足部疾病所苦，他力邀我前往指導，但我至今尚未成行，也許恰當的機會將在未來出現？

海外半斷食課程的學員多數不為治病而來，這是跟日本學員滿不同的一點。他們是有興趣從更寬廣的面向思索「食」的人。

我一直相信真理必是人人可行的，期望半斷食課程能超越人種、性別、年齡、文化，無論何時何地都能讓人藉以改善身心。每次課程經驗都讓我對此更有信心。

課程結束前夕，每個國家的學員會表演才藝同樂。有朗讀、歌曲、戲劇、舞蹈，每次都博得滿堂彩。我們日本人一向較羞於表露自我，而外國學員多能熱情表達各自對身心好轉的歡喜，每次的臨別盛會都讓我快樂無比。

西班牙湖光山色滌盡俗慮

泉陽子女士是來參加課程的學員，她曾留學瑞士，後來嫁給西班牙人，是兩個男孩的母親。她在西班牙經營一家旅館，提議我到她的旅館舉辦課程。已經完全克服在國外舉辦課程心理障礙的我，希望到更多國家增廣見識，馬上應好！

她的旅館位於鄰近法國邊界的度假勝地，一個名為阿蘭山谷的村莊，每逢冬季歐洲各地的滑雪客絡繹不絕。

旅館舒適優雅，參加者都是她的朋友。

在西班牙舉辦課程有一點很美好的是，能見到日本罕見的壯觀山景。庇里牛斯山脈是歐洲著名的朝聖地，類似日本四國的八十八所，兩千公尺以上的群山疊錯，氣勢磅礴。

泉陽子的伴侶朱利安在附近的登山小屋擔任管理員。朱利安不僅是登山高手，也精通野菜藥草，渾身散發英勇的男子氣概。他曾遠赴印度禪修，性情非常溫暖，我很快跟他變成好朋友。

課程最後，作為課程內容的一環，我安排了長距離健行，利用那段時間到朱利安管理的山屋一宿。

山屋四周有多個湛藍小湖泊，可在岩石上靜坐，也可縱身躍入清澈湖水中。回程沿途都是野生藍莓、蕈菇。這絕佳的自然環境讓大家滌盡俗慮，身心徹底煥然一新，

▲ 西班牙課程中的登山活動

充滿感恩喜悅之情。

基本上半斷食課程無論在哪都可以實行，在大城市的飯店當然也可以。不過，如果有可能選擇地點，在美好的自然環境中舉辦最為理想，畢竟半斷食的終極目標是讓身體本來的感知甦醒，回歸生命的「原廠設定」。

在日本舉辦時，除了磐城以外，每逢有到其它地方舉辦的機會，都盡可能選擇能充分感受到大自然的場域。

為通向華語世界之路鋪一塊磚

自櫻澤老師向世界提倡「正食」以來，再經眾多弟子努力，在世界各地傳播開來。諸前賢已讓根植於日本的飲食健康法開枝散葉，對此使命或可說完成了階段性任務，今後趨勢想必應繼續朝向未來時代舞台的亞洲諸國、以及其它開發中國家發展。

我一直認為，將以中國陰陽哲學為基礎的「正食」生命觀和世界觀傳回中國，是非常重要的大事。但願我這本中文書，能為半斷食課程通向華語世界之路，先鋪上一小塊磚。

與久司先生共事時，有一次他曾問我未來想做的事。當時的我立刻答道：「希望把『正食』傳到中國。」久司先生聽了說：「也許精力過人的你可以辦到呢！」

後來反省自己的大言不慚，覺得頗難為情，但那是蘊釀已久的心願，所以才脫口而出吧！

我們夫妻四十年前赤手空拳打造的磐城山居，不但是五名子女安心成長的家園，後來竟也成了 Macrobian 志業的基地、海內外半斷食學員療癒的道場。

托這美好自然環境之福，才能護持這一切成就。

我一心一意勇往直前的人生，驀然回首已到晚年。五名子女陸續成家立業，這裡即將只剩我們夫妻兩人，今後該如何在深山生活下去？是不是擴大整建家園，讓這裡能開放給更多需要重新找回生命力的人？例如建設更便利的宿舍、打造可容納更多人的運動空間……。

但想做的事太多，實在不是單靠自己就能辦到，我越來越感到自己的有限。可以肯定的是，我會在此繼續畢生志業，然後在此長眠。但知亞季開始思索，萬一我們老到無法開車，要如何在這不便的深山養老？我們其中一人過世後，另一人有辦法獨居嗎？

就在我們為此想從長計議時，難以想像的無常大難，冷不防突然臨頭。

第十二章

效法佛塔樹的種子

我們家位於福島核電廠以西，約莫二十公里之處，
中間只隔一座小山。
因核災緊急撤離時，在此四十年歲月如跑馬燈自心底滑過，
我不自覺對著家園喃喃道了聲：「謝謝」。

據說，森林大火把一切燒成灰燼，
唯有一種佛塔樹的生機不滅，
因為這樹的種子能在灰燼中重新發芽並加速釋放種子。
讓我們一家也在災難的灰燼中盡情發芽吧！

二〇一一年三月十一日，下午兩點四十六分，福島縣外海發生巨大地震和海嘯，引發核電廠爆炸事故。

那一天，我們夫婦剛好下山，送久違返家的三女到客運站搭車回東京，順便在市內辦事。當我們在會計事務所時，突然天搖地動，往外一望，只見停在停車場的車猛然衝向一邊。我急忙衝出去想搶救，但周圍房屋瓦片、圍牆已發出嘎嘎巨響，應聲倒塌。

我立即意識到這不是普通規模的地震，核電廠可能發生事故。那是每次地震時，我們都會立即關注的問題。

我們家位於核電廠以西，約莫二十公里之處，中間只隔一座小山。萬一發生事故，我們家肯定首當其衝。當時次女和一對夫婦員工在家，我們當下最擔心他們。

我們飛車趕回家，平時熟悉的路上人車慌亂，我還擔心山崩堵塞歸途。回到家看到人與屋子都安好，只是物品掉落、滿地狼藉。

我們趕緊打開電視接收新聞，才知道發生了日本史上最嚴重的地震，震矩規模達九級，地震引發的海嘯瞬間席捲沿海城鎮，包括磐城市海岸。

然而，電視出現核電廠冒煙的畫面。我馬上想起那年參訪車諾比核災地帶，農民曾說：「為保護自己免受輻射影響，必須逃得越遠越好！」我立刻決定準備緊急撤離。今後狀況如何無從預料，慌亂也無濟於事，我做了最壞的打算，但仍先把心情安靜下來，全家圍坐喝杯茶、吃點簡餐。

地震發生後五個小時，即將入夜。我們把貴重物品、避難必需品塞滿車廂，然後到村落裡挨家挨戶勸大家離開。我掛心住在市區安養院的母親，但到處一片混亂的狀況下，我得先找到安全的避難所安頓好，母親只好暫時拜託安養院了。

我們分乘三台車逃離，選擇哪條路才安全也是艱難決定，為避免被輻射危害，總而言之往上風的方向逃去。可是，電台新聞報導我們選定的主幹道路因汽車著火而禁止通行。我們又改換另一條路，到處都堵得水洩不通，感覺情況越來越險峻。

凌晨時分終於抵達鄰縣栃木縣那須的友人家，稍稍喘一口氣時，電視傳來核事故陷入更危急狀況的新聞，輻射恐將波及全日本。無論如何必須盡早往更遠的地方避難。

倉卒決定避難地點

首先，想到儘快跟住在東京的子女們會合。當我們抵達東京，東京已因大量民眾湧入避難而混亂不堪。我們在兒子家住了一晚，大家一起討論避難計畫。長子和長媳反覆權衡後決定留在東京。翌日，不知該往何處避難的孩子們和幾位年輕外國友人，決定跟隨我們一起行動。

我們從電視、電台、網路逐一確認輻射擴散狀況，選擇往東京以南的方向避難。翻越中部山岳，朝相對安全的岐阜縣方向駛去。之後從三重縣、大阪府、京都府，輾轉借住各地友人家。在岐阜縣，我們寄住在「掃除道」田中義人先生家，突然登門拜託且人數眾多，承蒙田中先生照顧，感恩不盡。

我也很擔心母親的安危，還好安養院已搬移到較安全的地方。

抵達大阪時，看到電視播出旅居日本的外國人紛紛離開，還有一些日本人也爭相逃到海外避難，而各國救援船已開往日本準備提供救援。

我們催促同行的外國年輕人緊急回國，同時考慮讓孩子們先到從前留學的澳洲暫住。

雖然避難的結果會如何，誰都不知道，但無論如何要儘量避免年輕人受到傷害。慶幸的是，我們家的孩子、外國年輕友人都平安飛往國外。

我們夫婦倆，還有三名決定留在日本的年輕人，一起開車奔向知亞季的娘家——四國的松山。每個避難地點，都是倉卒判斷下決定的，還好同行者無人出現輻射傷害症狀。我認為是參訪車諾比的經驗起了很大作用。

在避難中，我曾談過的「如何以食物保護生命不受輻射傷害」，在網路上被大量流傳，知道自己能對人有點幫助，也算小小安慰。

在松山安頓下來大約兩星期後，核災事故的實際情況逐漸明朗。我評估若要回福島家查看，此時應是最後時機。我聯絡上兩位也避難在外的隔壁村朋友，相約一起回福島。

冒險回家遭受輻射傷害

我們帶著輻射劑量計，穿上盡可能避免輻射的服裝，經高速公路進入福島縣，輻射劑量計顯示劑量迅速飆高。巡邏警車在通往村落的入口處勸導民眾切勿進入，並確認通行車輛內每個人的身分。我們說自己是村落居民，馬上被允許通行。

進入山路，趨近自家，劑量計的聲音越來越響，感受十分恐怖。車諾比發生核災事故之後，三十公里圈內的汙染地帶成為完全禁止進入的區域，今後我們家想必也會如此。

進入沒有民宅的山路，每個轉彎都無比熟悉，就算閉眼也能駕駛，然而這一次，一切都不一樣了。

終於抵達村落，風景絲毫未變。過了橋、登上坡，看到Macrobian的招牌，一如既往。往家門前的曲折坡路而下，眺望我家全景，就像引擎熄火那樣，我頓時全身鬆懈。這是每次回到家的感覺。但如今四周似乎漂浮著詭譎的空氣，眼前風景彷彿故障的電視螢幕般，一閃一閃地閃爍，心裡只剩一個念頭：危險！此地不宜久留。

我們是為了「盡量帶走重要的東西」回家一趟的，可是，重要的東西是什麼？這些東西在哪裡？在家翻箱倒櫃的我，心不在焉，在此度過的四十年歲月酸甜苦辣，恍如跑馬燈自心底一幕幕滑過。

貴重品在事故發生時已經帶走，除此之外還需要什麼？我一間一間找過去，結果只是失神凝視一件一件物品。

同樣望著家園的知亞季當時又是在想些什麼？我幾乎沒有她當時做了什麼的記憶，兩人都各自沉浸在自己的心情之中。

結果我們裝滿紙箱的，都是想留給孩子們的家族照片和紀念品。

那次返家僅停留兩個小時，離開時，在車輪開始滾動的車內，我不自覺對著家園喃喃道了聲：「謝謝」。

離開村落之後，我感覺頭部陣陣絞痛，類似過去在西藏經驗過的高山反應。喉嚨明顯殘留一種腫脹感，裸露的足部變得異常搔癢。知亞季則是被腹瀉和腹痛襲擊。顯然我們遭到輻射傷害了！

▲ 2011 年日本東北三一一海嘯前一日拍下的磐城舊宅

人生道路硬生生被核災斬斷

離開松山之後，我們在靜岡縣三島住了大約一年。在避難期間遇到許多支援受災者的人們，接受了許多善意，最後我們決定搬到京都暫時定居。

如果住在這裡，可以發展新的工作，老後也可以享受日本的美好文化，這是選擇住在京都的最大理由。此外，在京都遇到各色各樣的人、結下的緣分，以及得到的支援，更鞏固了我們的決心。

本來避難者都被安排住進團地，我們很幸運地在環境極佳的鴨川沿岸租到一間房子。不久之後，朋友們轉讓了一家位於京都大學旁邊的店舖，女兒們在這裡重新開張之前在東京經營了兩年的素食餐廳。

托這間店的福，我們與很多美好的人結緣。這對我們全家人來說都是非常幸福的事。這裡是身為受災者的我們，最棒的療癒之所。

住下來之後，更感覺京都一如想像，是座日本傳統文化豐富的城市。我們全家人都非常喜歡，結果在這裡一住過了七個年頭。

住所暫時安頓後，我才開始考慮重新接續中斷的工作。

受災後，人生道路像突然被硬生生斬斷，我們全家都為恢復生活和工作努力奮鬥。如今我已七十七歲，按一般想法應該退休了，然而我幾乎沒有「年過古稀」的感受，是因為年紀在十二年前地震那一天戛然而止了嗎？我想繼續「食」的志業到生命最後一刻的決心，其實絲毫未受動搖。

伊勢和澳洲等地長期的課程，其實都不受影響，不過我也考慮趁此機會告一段落，今後更上一層樓，做些還沒做到的事。

因森夫婦而決心定居京都

我的大半生都在關東和東北度過，這是第一次住在關西地區。當我們通知友人「在京都定居」的消息，海內外紛紛來訪的客人，比在福島深山老家還多。

在避難流浪中，最後讓我們下定決心住在京都的，是在這裡遇到的善人善緣。例如森孝之、小夜子夫婦。他們住在京都市內，敷地內有咖啡館、工坊，甚至有田地，種植有機蔬菜、提供料理，過著悠然自得的自然生活。這段因緣是經友人介紹在京都短期避難時結下的。初次造訪時，我們就厚著臉皮全家大小在他們家打擾一晚。那之後，我們兩家人變得非常要好。

森先生曾是貿易界菁英，有感於日本一味追逐經濟富裕的社會危機，數十年前放棄上班族生涯，親身實踐前衛的環保自然生活，並撰寫多本著作，宣揚新時代新觀念。

森先生也曾任短期大學的校長，至今仍時有年輕學生到他家拜訪。他長年主持私塾，栽培了許多優秀人才。

夫人小夜子是日本知名玩偶工藝家，也開班傳授這門創作技術。她的廚藝也非常高超，兩位都是可以代表京都的文化人。

森先生見多識廣，讓人如沐春風的待人方式一直是我想學習的。他比我年長八歲，對我來說就像兄長那樣，什麼都能商量。

森夫婦非常疼愛我們家的子女，我們家子女也常向兩位報告自己的生活和工作狀況。他們家有如我們在京都的另一個家，無論何時都能走進去取暖。

避難中跟他們結下的善緣，讓我們沒有躊躇地決定定居京都。

整修一百二十年古民宅

作為暫時避難的鴨川沿岸受災者住宅，畢竟只是暫時性的，過了一定期間就必須搬出，在期限來臨之前，必須設法尋找下一個住所。

我們夫婦倆只要有時間就在京都和關西附近四處尋找。可是，京都畢竟不是東北，地震過後三年，我們還沒找到符合條件、價格合宜的住處兼工作據點。我甚至想放棄重建工作據點，只找一個我們夫婦可以住的房子就行。

就在此時，次男認識了在京都郊外經營造園業的細見浩樹先生，我被他的人品吸引，開始往他住的郊區尋找房產。後來找到一間我們相當中意的。

那是一間屋齡一百二十年的古民宅，四周有田地，即所謂的里山。古民宅位於小坡上，視野良好，光線充足。茅茸屋頂，老舊石牆，別有一番風情。我們本來沒想過要住在古民宅，可是不知怎地完全卻被這老房子吸引。

那裡開車約五分鐘的地方有超市、郵局、銀行，距離高速公路交流道也很近，一個小時左右可到京都市內，往反方向則可到日本海，距離火車站只需十五分鐘。原本讓我們開始傷腦筋的老後生活，在這裡已不成問題了，與磐城深山相比，這裡是很便利的鄉下。

我們馬上做了決定。

購入房子，隨即開始整修工程。建築學校老師全面協助重建家園，為我們引介了技藝高超的傳統建築木匠師傅，庭園則由細見先生幫忙。我也盡可能親手進行簡單的作業，就像在磐城蓋房一樣，至少把心意好好地送入這個新家。

從那天起直到新家完成，我幾乎每天從市內出發，在高速公路往返一百公里，全程參與整修工程。

縱使有點像在苦戰，但這把年紀還有機會體驗我很愛的蓋房工程，也值得慶幸。我們夫婦倆一如既往身強體壯、吃苦耐勞。

一年半之後，完成了舒適宜居的房子，全家人都滿心歡喜，終於可以在新家園開始好好生活。

全家都重新出發上路

大地震已經過了十二年。在這期間，五名子女都重新出發、走上各自的人生道路。兩個兒子成家後住在東京，決定住在京都的長女和三女，各自擁有家庭、生兒育女，現在又有緣，住在我們家旁邊。之前經營餐廳的次女在婚後搬到遙遠的北歐赫爾辛基，兩年前在那裡產下男孩。現在我們總共有七名孫子孫女，不久之後又將增添一名。

跟住在隔壁的兒孫們一起生活，每天忙忙碌碌相當不易，但可以在旁守護漸漸成長的生命，是件幸福無比的事。

我們的田地小小的，全家一起下田耕作，盡量往自給自足的生活邁進。在這裡，也跟在磐城的生活一樣，從鄰近山中蒐集木材，冬天依然燒柴取暖。房子四周的除草作業也一樣不可或缺。

趁身子還能動，盡可能自己親手繼續這些生活作業。倘若有一天無法再做，雖然有點遺憾，我也已做好放手的心理準備。

當那一天到來，我們夫婦的生活想必又將大轉變，也可能有嶄新的樂趣吧！

人生無常，誰也無法預知下一刻。然而，在身無長物的避難期間，偶爾也倏忽感覺無物一身輕。雖然似乎已失去一切，所有家當不過一個背包，卻不感到匱乏，反而體會到前所未有的輕盈自由。

原來什麼都沒有也沒關係。就算什麼都沒有，自己還是這樣活著，家人也都活著，什麼都不需要擔心，完全沒問題。

災後這段時間，我們承蒙無數善心美意的照顧，那無盡的感恩與歡喜，讓知亞季有一天突然迸出一句：「核爆萬歲！」。世間沒有偶然，一切的現象皆有其必然性。毋庸置疑地，一切皆為促使人成長而生起。經過這次重建家園，也許可以用與過往不同的方式，再為世間眾生做出貢獻，這未嘗不是殊勝因緣。我不知不覺變得如此正面思考，也是拜震災之賜。

避難期間偶然想起在澳洲聽到的，關於森林大火中「種子」的故事。澳洲是個乾燥的國家，夏天山林火災頻傳，一旦發生森林大火，一切旋即化為灰燼。烈火焚燒後，只有一種佛塔樹（Banksia）的生機不滅，因為這種樹的種子，能在灰燼中重新發芽並加速釋放種子。

趁此機緣，讓我們一家也效法佛塔樹的種子，活活潑潑地在災難的灰燼中盡情發芽吧！

後記

在母親遠行的迴光中溫習
全然信任地活著

開始山居生活不久，我接在東京的母親來同住。

對於我們與眾不同的生活、育兒方式，母親從不干涉，但多少有點困惑我們為什麼要住到偏僻深山裡。我希望她在大自然中、有兒孫圍繞，過隨心所欲的老後生活。但勞碌慣了的她，愛幫我撿柴割草，一做就埋頭苦幹，停不下來，總搞到累得連躺好幾天。

她八十二歲時出現失智症狀，性格驟然大變，甚至有暴力言行。無計可施之下，我們只好將母親送入安養院，輾轉換了好多家，最後才總算安定下來。但每次去探望母親臨別時，母親都說：「一起回家吧！」這總讓我痛心，淚如雨下。

母親畢生無休，為子女、為家庭，粉身碎骨在所不惜。她幾乎不曾享受過悠閒的一天，以致她失智後忘我地吹口哨口琴的模樣，還讓我不禁有些欣慰。

母親出生於北海道，外公是樵夫，嗜酒如命，三十二歲便英年早逝。外婆帶著當時三歲的母親，以繼室身分嫁到函館，但七歲時就與外婆分開，在一家海產批發商開始「女中奉公」生涯，意即在老闆家管吃管住當女傭。

母親有位哥哥也在兒時被送到東京「丁稚奉公」，在老闆家管吃管住當學徒，他就是那位在糖果工廠的舅舅。

這樣長大的母親，很自然地習慣總是先顧慮他人、忽略自己。聽說母親透過相親結婚，到結婚當天對父親仍一無所知。婚後母親也跟兒時一樣，不，應該說比兒時更加為家庭任勞任怨，而貧困又常仗義借錢給親友的父親，平添了母親的苦難。

母親連面對兒媳、孫子，也總是拘謹客氣，即使出門跟村裡年紀相若的老人聊天，也多默默傾聽而已，回到家就慨歎好累。即使只是輕鬆的日常聊天，母親也小心翼翼地為遷就對方話題而忍耐，試了幾次便不想再出門了。

我很遺憾自己其實跟苦於無法寬坦自在的母親一模一樣，因此微妙心理，我曾因看不下去而斥責母親。當時母親與我出門，不顧自己提重物還堅持要幫我拿行李，我馬上告誡她別再說蠢話！我幾乎不曾對母親說重話，當時母親可能吃了一驚，滿臉困惑，低頭唯唯諾諾。那瞬間，我感受到母親一生的悲慘刺入我心。

母親失智後，我常懊悔自責沒多跟母親說說話、沒成功幫助母親獲得自由解脫；

但也許，抹殺自己而活著的母親也不習慣接受兒子的體貼？

看著母親，我不禁感慨，失智症患者好像在為人生收尾核帳。那是母親為了結算過往人生而有的反動嗎？長年隱忍的憤怒委屈一舉爆發清空了嗎？如果這樣能讓母親從痛苦中解脫，那麼失智對母親來說何嘗不是幸福？

母親到後來甚至把女兒們都忘掉了，唯獨還牢記著我的名字，母親是這樣深刻地與我相互繫絆。

大地震三年後，距離百歲生日還有半年之時，母親一臉安詳，靜靜辭世，享壽九十九歲半。

我曾經滿懷自卑感，卻忘了我這一生身強體健、幾乎與病痛無緣，都該為得自父母的健康基因而自豪。

而在生活方面，從父親的家教學會整理整頓和打掃，當了多年女僕的母親，在收納清理方面也完全不輸父親，即便晚年失智，收拾廚房的技藝也還讓我望塵莫及。我兜兜轉轉最終找到的志業是以食物打掃身心，這絕對跟父母所給的家教和榜樣有關。

也因父母的關係，我從小就養成設身處地為人著想的習慣，又因不想像父母那樣壓抑地過日子，而特別用心於追求自我，尋尋覓覓最終走上食之道。

無疑的，我的生命是父母的延續，父母無形中領我走上自己的道路，還賜予我「健康的身體」、「打掃的習慣」、「為人著想的心」三樣人生法寶。

奔波一生後，頑愚的我才終於懂得以這樣的父母為榮幸！

藉由長年無數次斷食，怯弱的我也才終於完全信任，生命本來就沒問題，而且天生自然不斷朝更好的方向前進。

與浩瀚無邊的宇宙相比，人類就算能活萬歲萬萬歲，也只是非常渺小的存在。我們只要將自己全然託付給宇宙、大自然而活著，像胎兒一切託付母親一樣，不，其實連託付都是多餘，我們早已深深在其懷中。

古日本人如此歌頌人生：

人生在世，是為了遊戲玩耍吧！
聽到孩子們的笑鬧聲，我也隨之搖擺。
蝸牛跳舞吧！跳舞吧！
要是你不跳舞，小馬小牛會來踢踩、讓你破殼喔，
你就曼妙起舞，隨我去花園遊玩吧！
（出自平安時代末期歌謠集《梁塵秘抄》）

這是多麼怡然自得的生活興味啊！這興味唯有回歸原本天真的生命狀態、又與大自然合一的人，才有福享受。

我以滿懷感恩與喜悅，祈願「半斷食」能讓更多人回轉成這樣的有福之人。

附錄

我們去日本體驗半斷食

正好編輯室

今年（二〇二三）春末，我們一行五人參加了在日本山梨縣小淵澤舉辦的半斷食工作坊。

半斷食工作坊舉辦至今已四十餘年，開課地點除日本之外，還曾遠赴澳洲、愛爾蘭、西班牙、中國等地。這回借用小淵澤「女神之森」（日本化妝品品牌安露莎ARSOA公司總部暨員工訓練中心）的兩棟職員別墅和一棟活動中心。

這地方森林蒼鬱、空氣清冽，與半斷食工作坊淵源深長。正如本書中提到，橋本先生的恩師之一久司道夫早年曾應安露莎社長之邀，在這裡成立「正食研究所」，為員工講授飲食及身心健康系列課程，橋本先生也曾多次在此舉辦半斷食工作坊。

工作坊地點都選在遠離塵囂、山明水秀之處，為的是幫助學員進一步親近大自然，並在其中逐漸敞開身心。

日本三一一大地震前，主要在福島磐城山上的橋本家每月舉辦，之後當地因核輻射封閉，才借用其它合適場所。近年橋本夫婦在京都郊區重新安家，也曾在京都自家舉辦。

工作坊採小班制，每次學員約十人左右。這次除了使用華語的我們五位，還有八位日本學員。主要工作人員是橋本夫婦、他們的長子樹生馬先生，和一位瑜珈老師 Yuka 女士。橋本先生負責主持研討會，橋本太太負責調理飲食，樹生馬則擔任課程行政經理。

樹生馬另有正職，他表示無意繼承家業，只是不忍父母勞累，盡可能抽空協助而已。雖然如此，但他仔細整理過歷年工作坊資料，也親身參與不少次，看到很多人歡喜受益，也不禁對父母的工作由衷敬重。

工作坊為期七天六夜，每天作息大致相同。（圖見p.116~119）

早上七點開始第一節體操，然後是利用足部的全身按摩，以及鬆弛大休息，十點開始上午一小時的研討會，主題聚焦於身心實相、自然飲食及生命真諦等等。接著是十三公里健行，速度依個人體能自行調整。健行回來可喝一碗蔬菜湯，此外上午下午各供應一杯茶。三點到五點，有一堂瑜珈課，有時則加一場下午研討會。五點是靜坐冥想時間。六點享用唯一的一餐。晚餐後便是自由時間，也可一起到公共溫泉澡堂泡湯。

「半斷食」顧名思義就不是完全斷食，只是儘量減少飲食到幾近斷食而已。每天唯一的晚餐，份量大約是一般成人餐量的四分之一，主要是一小團糙米飯加兩、三樣小菜，但用餐時間拉長到一般的四倍，強調每口必須仔細咀嚼兩百下，全程靜默禁語。

不知是因為吃的內容還是吃的方式，課程完成後的討論會上，多數人都表示，雖然進食大幅減少，但課程期間並不感到飢餓。不過因為今年五月山梨的天氣已頗炎熱，加上長途健行，大家都提到口渴是較大的挑戰。

飲食研討會上談到食物的陰陽冷熱屬性，以及唾液分泌與消化吸收的關係，橋本老師請我們也分享華人對這方面的傳統概念。我們大略分享了辟穀（斷食）、金津玉液、陰陽虛實補洩、谷氣歸元等詞彙，大家似乎聽得頗有興致，於是有人表示一直嚮往中華文化，有人當場秀起曾學過的華語，課堂氣氛十分熱絡。

關於半斷食課程提供的食物，有華人學員不習慣冷食，總覺得飯菜都要熱呼呼才好吃。

關於名之為「Foot Massage」的全身按摩，那是兩兩學員輪流交替，一個趴臥地上，一個用腳尖腳掌或腳跟、配合著身體重量，為同伴從肩部到腳底循序踩踏按摩。這是半斷食課程重要的一環，但有幾位華人學員表示不大能接受，因為，在華人文化裡，用腳推踩這動作本身多少就有些不敬與不淨，何況是趴在地上讓陌生人踩踏全身？

橋本先生聞言略感吃驚，他認為這按摩法相當省力有效，長年來很多學員還帶回家運用於日常生活。不過，如果將來可能到華文區開工作坊，他會認真重新研究一下按摩課程。

台灣其實不乏斷食排毒課程，但半斷食工作坊別致之處在於，那是以一週時間節約飲食、徜徉於大自然的半閉關身心療癒營，整個過程帶著避靜度假氣氛，雖是小團體行動，但個人各別狀況都受到相當的尊重照顧，橋本夫婦多年帶領課程的經驗知識和個人丰采魅力也是亮點之一，尤其橋本太太以當地當令食材花草所設計的餐盤風景，頗能引人安靜欣賞日常生活情味，並有所感動。

只是，這課程費用約日幣十八萬，折合台幣要四萬多，不知道一般大眾是否能接受？（歡迎有興趣參加課程的讀者寫信給我們：book@zenhow.com）

說到底，吃喝拉撒睡都是人之本能，但現代社會讓人緊張焦慮到連好好吃喝拉撒睡都不能了，很需要有個什麼跳出來大聲喊「卡」，讓繁亂複雜的紅塵肥皂劇暫時停止，也讓劇中人暫時出離、解脫一下，半斷食工作坊無疑正是跳出來的選項之一，而且是滿愉悅有趣的選項，至於是否能排毒清淨，那就因人而異了。

自然律 2

讓生命回復原始設定

橋本先生半斷食養生術

橋本宙八 著
葉心慧 譯

總編輯　夏瑞紅
文字編輯　謝依君、趙長城
圖片提供　橋本宙八
攝影　夏子
美術設計　拾蒔生活製作所

發行人　梁正中
出版者　正好文化事業股份有限公司
地址　台北市民權東路三段一〇六巷21弄10號1樓
電話　(02)2545-6688
網站　www. zenhow.group/book
電子信箱　book@zenhow.group

總經銷　時報文化出版企業股份有限公司
地址　桃園市龜山區萬壽路二段三五一號
電話　(02)2306-6842
製版印刷　瑞豐實業股份有限公司
初版一刷　二〇二三年十月
定價　三九〇元

國家圖書館出版品預行編目（CIP）資料

讓生命回復原始設定：橋本先生半斷食養生術／橋本宙八著；葉心慧譯. -- 初版. -- 臺北市：正好文化事業股份有限公司, 2023.10
面；　公分
ISBN 978-986-06042-7-6(平裝)
1.CST: 橋本宙八 2.CST: 養生 3.CST: 斷食療法
4.CST: 傳記 5.CST: 日本
783.18　　112012728

Returning Life to its Primal Configuration:
Mr. Hashimoto's Semi-Fasting Health Regimen

Published by Zen How Publishing Co. Ltd.

ISBN: 978-986-06042-7-6